中国普通高校
创新能力监测报告

2024

普通高校创新调查工作组　编

科学技术文献出版社
SCIENTIFIC AND TECHNICAL DOCUMENTATION PRESS
·北京·

图书在版编目（CIP）数据

中国普通高校创新能力监测报告 . 2024 / 普通高校创新调查工作组编 . -- 北京：科学技术文献出版社，2024. 12. -- ISBN 978-7-5235-1812-0

Ⅰ . G644

中国国家版本馆 CIP 数据核字第 20249F0V61 号

中国普通高校创新能力监测报告2024

策划编辑：李　蕊　陈梅琼　责任编辑：李晓晨　公　雪　责任校对：张永霞　责任出版：张志平

出　版　者	科学技术文献出版社	
地　　　址	北京市复兴路15号　　邮编 100038	
编　务　部	(010) 58882938，58882087（传真）	
发　行　部	(010) 58882868，58882870（传真）	
邮　购　部	(010) 58882873	
官 方 网 址	www.stdp.com.cn	
发　行　者	科学技术文献出版社发行　全国各地新华书店经销	
印　刷　者	北京时尚印佳彩色印刷有限公司	
版　　　次	2024 年 12 月第 1 版　2024 年 12 月第 1 次印刷	
开　　　本	889×1194　1/16	
字　　　数	196千	
印　　　张	12	
书　　　号	ISBN 978-7-5235-1812-0	
定　　　价	78.00元	

中国普通高校创新能力监测报告2024

编辑委员会及编辑人员

前　言

"科技是国家强盛之基，创新是民族进步之魂。"党的二十大报告提出"坚持创新在我国现代化建设全局中的核心地位"，并且明确指出，教育、科技、人才是全面建设社会主义现代化国家的基础性、战略性支撑。必须坚持科技是第一生产力、人才是第一资源、创新是第一动力，深入实施科教兴国战略、人才强国战略、创新驱动发展战略，开辟发展新领域新赛道，不断塑造发展新动能新优势。

自2012年以来，科技部、国家统计局会同有关部门为深入贯彻落实《中共中央国务院关于深化科技体制改革加快国家创新体系建设的意见》（中发〔2012〕6号）的相关要求，积极推进国家创新调查制度工作，深入开展创新活动统计调查，持续对创新能力进行监测和评价。在此基础上，深入分析国家创新体系中各创新主体的创新活动特征，准确研判我国创新型国家建设进程，为实施创新驱动发展战略提供决策支撑。

高校是教育、科技、人才的集中交汇点，是基础研究的主力军、重大科技突破的策源地。作为国家创新体系的重要组成部分，高校发挥着知识创造、技术创新、技术传播及转化扩散的作用。高校创新能力监测是国家创新调查制度工作的重要内容之一。2023年，教育部科学技术与信息化司会同科技部战略规划司、中国教育科学研究院、中国科学技术发展战略研究院联合开展了第八轮全国调查，获取了截至2022年底的调查数据，反映了当前普通高校与企业联合培养人才、参与产学研合作、科技成果扩散与转化等方面的情况。此次调查共有2578所高校、17 983名高校教师，以及26 848名本科生和19 385名研究生参与其中。

本报告以2013—2022年全国普通高校统计数据为基础（主要来源于《中国科技统计年鉴》《中国教育统计年鉴》《中国教育经费统计年鉴》《高等学校科技统计资料汇编》），结合2022年度高校创新调查数据、OECD统计数据及Elsevier公司的SciVal数据库，从多个方面反映全国普通高校的创新状况，并着重体现高校在以企业为核心的创新体系中发挥的作用。

本报告分为上、下两篇。上篇为统计篇，包括5个部分，梳理了2013—2022年反映普通高校创新能力整体发展状况的统计数据，反映全国高校基本情况、创新人才培养、高校研发投入、科技成果及转化、国际交流与合作方面的情况。下篇为调查篇，包括3个部分，第一部分基于高校创新信息采集报表数据，重点反映2022年度高校产学研合作创新状况；第二部分基于高校教师创新情况调查数据，反映2022年度高校教师在创新人才培养、多元合作创新、科技成果转化与扩散等方面的情况；第三部分基于高校学生创新情况调查数据，反映2022年度高校学生在创新活动、创新环境、创新能力提升及创新成果产出方面的情况。

高校创新能力监测既是一项长期的系统性、基础性工作，又是一项需要与时俱进的工作，难免存在疏漏和偏差，今后随着全国科技统计工作和创新调查工作的持续深入展开，将不断进行调整和完善。

《中国普通高校创新能力监测报告2024》
编辑委员会
二〇二四年九月

C目录
Contents

普通高校创新能力监测框架

我国拥有世界上在校生规模最大的高等教育系统。2022年，全国共有普通本科学校1239所（其中，研究生培养机构596个），本科层次职业学校32所，高职（专科）学校1489所；普通高等教育本专科在校生3659.4万人，研究生在校生361.8万人，普通本科学校、本科层次职业学校及高职（专科）学校共有教职工284.3万人。普通高校①是国家创新体系的重要组成部分，在创新型人才培养、知识创新与传播、产学研合作等方面都发挥着独特的作用。

高校是教育、科技、人才的集中交汇点，既是培养科技创新人才的摇篮，又是科技发展的重要基础所在。2022年3月1日，习近平总书记在中央全面深化改革委员会第二十四次会议上强调，要走好基础学科人才自主培养之路，坚持面向世界科技前沿、面向经济主战场、面向国家重大需求、面向人民生命健康，全面贯彻党的教育方针，落实立德树人根本任务，遵循教育规律，加快建设高质量基础学科人才培养体系。

根据高校在整个国家创新体系中的定位及高校自身的职能特征，全面监测普通高校创新能力，需要兼顾人才培养、科学研究和社会服务等多个方面的发展状况。结合往年工作经验及多次专家研讨结果，本着指标涉及面尽量广泛的原则，高校创新调查监测报告分两大部分、共8个维度（一级指标）建立监测框架。

第一部分为统计部分监测指标体系（表0-1），共有5个一级指标，数据主要来源于各类公开的统计数据。

---

① 本报告中如无特殊说明，普通高校是指除成人高等学校外的高等教育学校。

1.高校基本情况

高校基本情况主要是指普通高校创新载体和人员的数量，包括普通高校数量、普通高校R&D机构数量、专任教师数量与结构等方面。

2.创新人才培养

创新人才是创新发展的根本。人才培养是高校三大职能之一，同时高校在国家创新体系中也肩负着培养和输送创新型人才的重要使命。这个维度主要包括普通高校专科、本科、研究生在校生人数，理工农医专科、本科、研究生在校生人数，参与课题研究的在校研究生数量及占比等方面。

3.高校研发投入

人力和经费投入及重要科研平台建设是高校开展研发活动的基础与保障。这个维度主要包括R&D人员数量与结构、R&D人员类型、R&D经费内部支出、R&D经费内部支出类型、R&D经费来源等，以及国家级科研平台的有关情况。

4.科技成果及转化

科技成果是科技创新活动的结晶，科技成果转化为现实生产力是创新驱动发展的本质要求。这一维度主要包括科研成果、科研成果转化与扩散等方面。

5.国际交流与合作

国际合作是当前科技创新发展的大势所趋，通过国际合作能够提升科技创新的数量、质量及影响。这个维度主要包括国际合作课题、国际合作人员和经费投入及国际学术交流等方面。

在高校创新能力监测指标体系中，部分二级指标做了不同类型、不同学科、不同层次、不同地区、不同国家的比较，相关数据主要来源于公开的统计数据及数据库。

表0-1 普通高校创新能力监测指标体系（统计部分）

一级指标	二级指标
1. 高校基本情况	1.1 普通高校数量（所）
	1.2 普通高校R&D机构数量（个）
	1.3 专任教师数量（万人）
	1.4 专任教师拥有高级职称占比（%）
	1.5 专任教师拥有博士学位占比（%）
	1.6 女性专任教师占比（%）
2. 创新人才培养	2.1 专科在校生人数（万人）
	2.2 理工农医专科在校生人数（万人）
	2.3 本科在校生人数（万人）
	2.4 理工农医本科在校生人数（万人）
	2.5 研究生在校生人数（万人）
	2.6 理工农医研究生在校生人数（万人）
	2.7 参与课题研究的在校研究生数量（万人）
	2.8 参与课题研究的在校研究生占比（%）
3. 高校研发投入	3.1 R&D人员（万人）
	3.2 占全国R&D人员的比例（%）
	3.3 女性R&D人员占比（%）
	3.4 硕博学位R&D人员占比（%）
	3.5 R&D人员全时当量（万人年）
	3.6 R&D人员全时当量占全国的比例（%）
	3.7 R&D经费内部支出（亿元）
	3.8 占全国R&D经费内部支出比重（%）
	3.9 R&D人员人均经费（万元）
	3.10.1 基础研究占R&D经费内部支出比例（%）
	3.10.2 应用研究占R&D经费内部支出比例（%）
	3.10.3 试验发展占R&D经费内部支出比例（%）
	3.11.1 R&D经费内部支出中来源于政府资金的比例（%）
	3.11.2 R&D经费内部支出中来源于企业资金的比例（%）
	3.11.3 R&D经费内部支出中来源于国外资金的比例（%）
	3.11.4 R&D经费内部支出中来源于其他资金的比例（%）
	3.12 R&D课题经费（亿元）

续表

一级指标	二级指标
4. 科技成果及转化	4.1　科技论文数量（万篇）
	4.2　科技论文数量占全国的比例（%）
	4.3　被SCI收录论文数量（万篇）
	4.4　被SCI收录论文数量占全国的比例（%）
	4.5　专利申请数量（万件）
	4.6　专利申请数量占全国的比例（%）
	4.7　发明专利申请数量占全国的比例（%）
	4.8　发明专利申请数量占专利申请数的比例（%）
	4.9　专利授权数量（万件）
	4.10　专利授权数量占全国的比例（%）
	4.11　发明专利授权数量占全国的比例（%）
	4.12　发明专利授权数量占专利授权的比例（%）
	4.13　技术市场成交合同数量（万项）
	4.14　技术市场成交合同数量占全国的比例（%）
	4.15　技术市场成交合同金额（亿元）
	4.16　技术市场成交合同金额占全国的比例（%）
	4.17　专利所有权转让及许可数量（项）
	4.18　专利所有权转让及许可收入（亿元）
	4.19　其他企业（单位）委托R&D课题数（万项）
	4.20　其他企业（单位）委托R&D课题经费（亿元）
	4.21　参与其他企业（单位）委托R&D课题人员数量（万人年）
5. 国际交流与合作	5.1　与境外合作的R&D课题数（项）
	5.2　与境外合作的R&D课题数占比（%）
	5.3　与境外合作的R&D课题人员投入数（人年）
	5.4　与境外合作的R&D课题人员投入占比（%）
	5.5　与境外合作的R&D课题经费投入数（亿元）
	5.6　与境外合作的R&D课题经费投入占比（%）
	5.7　国际合作研究派遣人员（人次）
	5.8　国际合作研究接受人员（人次）
	5.9　国际学术会议出席人员（人次）
	5.10　国际学术会议交流论文（篇）
	5.11　国际学术会议特邀报告（篇）
	5.12　国际学术会议主办（次）

第二部分为调查部分监测指标体系（表0-2），共有3个维度，内容包括高校产学研合作创新、高校教师参与创新情况及高校学生参与创新情况。数据主要来源于普通高校创新调查数据，其中高校产学研合作创新使用"普通高校创新信息采集报表"采集的学校层面全口径补充统计数据，高校教师参与创新情况和高校学生参与创新情况使用"普通本科高校学生创新情况调查问卷"采集的人员层面抽样调查数据。

1.高校产学研合作创新

随着高校功能从人才培育、科学研究到社会服务的延伸，高等教育、科技、经济一体化的趋势越来越强。产学研合作是企业、科研院所和高等学校之间的合作，其实质是促进技术创新所需各种生产要素的有效组合。该维度的指标内容主要包括产学研合作培养人才、产学研合作开展科研、产学研合作进行科研成果转化与扩散等方面。

2.高校教师参与创新情况

高校教师既参与科技创新活动，又承担着创新人才培养的任务，既是高校创新活动的主力，也是科教融合的重要媒介。该维度的指标内容主要包括教师对教学、科研和社会服务活动的投入，对教学科研关系的态度，吸纳本科生、研究生参与科研项目的情况，教师个人承担横向、纵向课题的情况，与企事业单位合作培养学生的情况，与企事业单位合作开展科研的情况及个人科技创新成果转化情况等。

3.高校学生参与创新情况

通过"科教融合"吸纳学生参与科技创新活动，已经成为高校培养创新人才的重要途径。学生，特别是研究生，在高校科研创新活动中扮演着越来越重要的角色。该维度的指标内容主要包括学生发表学术期刊、学术会议论文情况，学生在省部级及以上大赛的获奖情况，学生参与校企合作工作的情况，学生对教师科教融合育人的看法，学生参与科研课题情况，学生接受创新创业教育情况，以及学生参与产学研合作活动情况等。

表0-2　普通高校创新能力监测指标体系（调查部分）

一级指标	指标内容
6. 高校产学研合作创新	6.1　去企业就业的毕业生情况
	6.2　校企共建基地情况
	6.3　校企合作教学情况
	6.4　创新创业教育情况
	6.5　企业设立奖学金情况
	6.6　专任教师企业实践情况
	6.7　校聘兼职教师情况
	6.8　高校服务企业情况
	6.9　校企合作申报纵向科研项目情况
	6.10　校企合作科研成果情况
	6.11　参与创新战略联盟情况
	6.12　企业委托科研项目情况
	6.13　高校设置专门技术转化机构情况
	6.14　高校设置专门技术转化网站情况
	6.15　高校科技成果转化情况
7. 高校教师参与创新情况	7.1　对教学、科研和社会服务活动的投入
	7.2　对教学科研关系的态度
	7.3　吸纳本科生、研究生参与科研项目的情况
	7.4　承担横向课题的情况
	7.5　承担纵向课题的情况
	7.6　开展科研创新的情况
	7.7　创新成果转化情况
	7.8　创新环境
8. 高校学生参与创新情况	8.1　学生发表学术期刊、学术会议论文情况
	8.2　学生在省部级及以上大赛的获奖情况
	8.3　学生申请专利与获得专利授权的情况
	8.4　学生完成软件设计开发与改进试验情况
	8.5　学生参与学术会议报告情况
	8.6　学生参与创新创业和科技学术竞赛的情况
	8.7　学生综合能力提升情况
	8.8　学生对教师科教融合育人的看法
	8.9　学生参与科研课题情况
	8.10　学生参与科研工作的兴趣情况
	8.11　学生接受创新创业教育情况
	8.12　学生参与产学研合作活动情况
	8.13　学生对创新人才培养环境的看法

中国普通高校创新能力监测报告2024

统计篇

上 篇

一、高校基本情况

监测结果显示，2022年全国拥有普通高校2760所，其中普通、职业本科高校1271所，高职专科学校1489所；R&D机构24 745个。全国拥有普通高校专任教师196.3万人，其中拥有高级职称的专任教师占42.2%，拥有博士学位的专任教师占30.0%，女性教师占52.8%。

表1-1　普通高校基本情况（2013—2022年）

指标	2013年	2014年	2015年	2016年	2017年	2018年	2019年	2020年	2021年	2022年
1.1 普通高校数量（所）	2491	2529	2560	2596	2631	2663	2688	2738	2777	2760
其中：普通、职业本科	1170	1202	1219	1237	1243	1245	1265	1270	1270	1271
高职专科	1321	1327	1341	1359	1388	1418	1423	1468	1486	1489
中央所属	113	113	118	118	119	119	118	118	119	118
地方所属	1661	1689	1708	1737	1766	1784	1802	1837	1869	1867
民办	717	727	734	741	746	749	756	771	777	762
1.2 普通高校R&D机构数量（个）	9842	10 632	11 732	13 062	14 971	16 280	18 379	19 988	22 859	24 745
1.3 专任教师数量（万人）	149.7	153.5	157.3	160.2	163.3	167.3	174.0	183.3	186.6	196.3
1.4 专任教师拥有高级职称占比（%）	41.0	41.5	41.9	42.2	42.8	43.2	43.4	43.3	42.9	42.2
1.5 专任教师拥有博士学位占比（%）	19.1	20.4	21.5	22.9	24.4	25.9	27.3	28.0	29.0	30.0
1.6 女性专任教师占比（%）	47.7	48.1	48.6	49.2	49.8	50.3	50.8	51.2	52.0	52.8

注：地方所属普通高校是指地方公办普通高校，包括教育部门办、其他部门办和地方企业办3类。

表1-2　分地区普通高校基本情况（2022年）

单位：所

地区	普通高校总数	其中：中央部门	普通本科院校	本科层次职业院校	高职（专科）院校
北　京	92	39	67	0	25
天　津	56	3	30	0	26
河　北	124	4	58	3	63
山　西	82	0	32	2	48
内蒙古	54	0	17	0	37
辽　宁	114	5	62	1	51
吉　林	66	2	37	0	29
黑龙江	78	3	39	0	39
上　海	64	10	39	1	24
江　苏	168	10	77	1	90
浙　江	109	1	58	2	49
安　徽	121	2	46	0	75
福　建	89	2	38	1	50
江　西	106	0	42	3	61
山　东	153	3	67	3	83
河　南	156	1	56	1	99
湖　北	130	8	68	0	62
湖　南	130	3	51	1	78
广　东	161	4	66	2	93
广　西	85	0	36	2	47
海　南	21	0	7	1	13
重　庆	70	2	25	1	44
四　川	134	6	52	1	81
贵　州	75	0	28	1	46
云　南	82	1	32	0	50
西　藏	7	0	4	0	3
陕　西	97	6	55	2	40
甘　肃	49	2	20	2	27
青　海	12	0	4	0	8
宁　夏	20	1	8	0	12
新　疆	55	0	18	1	36

表1-3 分地区普通高校专任教师情况（2022年）

地区	专任教师数量（人）	专任教师拥有高级职称的比例（%）	专任教师拥有硕士学位的比例（%）	专任教师拥有博士学位的比例（%）
北 京	76 154	66.2	20.2	71.5
天 津	33 386	47.3	34.7	41.3
河 北	94 803	40.4	42.5	18.2
山 西	42 613	35.7	43.9	25.9
内蒙古	27 672	45.4	41.4	21.2
辽 宁	64 439	48.4	39.5	32.6
吉 林	40 140	49.8	39.9	33.7
黑龙江	49 282	51.1	39.0	28.8
上 海	50 426	53.2	28.2	60.6
江 苏	123 856	49.0	33.7	43.2
浙 江	78 392	43.1	36.1	40.1
安 徽	74 959	37.5	44.9	23.6
福 建	57 103	43.4	37.0	28.4
江 西	73 347	31.5	39.2	17.9
山 东	135 492	41.3	39.7	28.6
河 南	145 492	32.5	44.0	17.9
湖 北	95 300	47.5	38.3	32.6
湖 南	84 418	39.5	38.2	25.4
广 东	135 907	38.7	39.0	30.5
广 西	61 696	35.1	49.5	16.7
海 南	13 865	41.3	41.0	24.9
重 庆	55 304	38.7	42.5	26.0
四 川	103 109	35.8	42.3	22.7
贵 州	43 403	39.7	39.3	17.6
云 南	45 946	37.9	41.0	19.0
西 藏	2834	44.2	50.7	16.9
陕 西	78 461	46.5	40.0	36.8
甘 肃	34 021	46.6	37.5	21.6
青 海	5029	44.5	27.8	21.8
宁 夏	9631	44.3	42.4	23.0
新 疆	26 641	31.6	48.1	14.7

二、创新人才培养

监测结果显示，2022年，我国普通高校拥有普通专科在校生1670.9万人，其中理工农医专科在校生1038.0万人；本科在校生1988.5万人，其中理工农医本科在校生1012.0万人；普通高校研究生在校生361.8万人，其中理工农医研究生在校生223.2万人。在设有理、工、农、医类教学专业的高校中，参与课题研究的在校研究生达108.1万人，占理工农医研究生在校生总数的48.4%。

表2-1 普通高校人才培养状况（2013—2022年）

指标	2013年	2014年	2015年	2016年	2017年	2018年	2019年	2020年	2021年	2022年
2.1 专科在校生人数（万人）	973.6	1006.6	1048.6	1082.9	1105.0	1133.7	1280.7	1459.5	1590.1	1670.9
2.2 理工农医专科在校生人数（万人）	564.0	587.7	614.2	615.0	633.4	659.0	755.8	865.9	970.3	1038.0
2.3 本科在校生人数（万人）	1494.4	1541.1	1576.7	1613.0	1648.6	1697.3	1750.8	1825.7	1906.0	1988.5
2.4 理工农医本科在校生人数（万人）	735.3	757.4	775.2	794.8	814.3	841.0	870.3	909.9	960.8	1012.0
2.5 研究生在校生人数（万人）	175.0	182.3	188.6	195.5	260.8	270.3	283.5	310.9	330.0	361.8
2.6 理工农医研究生在校生人数（万人）	105.7	111.4	115.4	119.8	162.9	165.6	172.6	190.2	200.5	223.2
2.7 参与课题研究的在校研究生数量（万人）*	55.0	57.7	60.3	63.3	67.0	73.3	83.3	92.0	102.0	108.1
2.8 参与课题研究的在校研究生占比（%）*	52.0	51.8	52.3	52.8	41.1	44.3	48.3	48.4	50.9	48.4

注：*代表仅包括设有理、工、农、医类教学专业的高校。

表2-2　分地区普通高校人才培养（2022年）

单位：万人

地区	专科在校生数量	本科在校生数量	研究生在校生数量
北　京	6.7	55.9	44.8
天　津	21.9	37.6	9.3
河　北	80.3	97.0	8.2
山　西	39.1	55.5	5.5
内蒙古	24.6	28.9	3.8
辽　宁	42.4	75.6	17.2
吉　林	26.0	52.8	9.7
黑龙江	32.5	58.7	11.2
上　海	13.8	41.6	24.3
江　苏	97.1	124.8	29.9
浙　江	53.8	71.5	15.0
安　徽	78.6	76.7	11.1
福　建	48.9	58.7	8.5
江　西	74.6	71.8	6.6
山　东	127.2	125.5	16.5
河　南	145.2	137.1	9.2
湖　北	76.9	100.4	21.6
湖　南	81.6	86.9	11.7
广　东	132.4	134.7	19.5
广　西	75.8	64.9	6.4
海　南	11.7	14.1	1.5
重　庆	52.2	54.4	10.5
四　川	95.1	110.0	15.8
贵　州	48.3	41.2	3.7
云　南	56.0	54.1	7.1
西　藏	1.3	2.9	0.6
陕　西	52.6	77.8	20.1
甘　肃	31.1	33.7	6.0
青　海	3.3	4.7	1.0
宁　夏	7.1	10.1	1.3
新　疆	32.5	28.6	4.3

三、高校研发投入

监测结果显示，2022年我国普通高校拥有R&D人员151.9万人，占全国R&D人员的16.2%；女性R&D人员占38.8%。普通高校R&D人员全时当量72.6万人年，占全国R&D人员全时当量的11.4%；其中在基础研究中投入34.8万人年，应用研究中投入32.8万人年，试验发展中投入4.9万人年。

2022年，全国普通高校R&D经费内部支出2412.4亿元，占全国R&D经费内部支出的7.8%，R&D人员人均经费15.9万元。在普通高校R&D经费内部支出中，基础研究占41.3%，应用研究占48.8%，试验发展占9.9%。在全国普通高校R&D经费来源中，政府资金占57.4%，企业资金占32.3%，国外资金占0.3%，其他资金占10.0%。2022年，全国普通高校R&D课题经费达1441.3亿元。

表3-1 普通高校R&D人员投入（2013—2022年）

指标	2013年	2014年	2015年	2016年	2017年	2018年	2019年	2020年	2021年	2022年
3.1 R&D人员（万人）	71.5	76.3	83.9	85.2	91.4	98.4	123.3	127.4	140.8	151.9
3.2 占全国R&D人员的比例（%）	14.2	14.3	15.3	14.6	14.7	15.0	17.3	16.9	16.4	16.2
3.3 女性R&D人员占比（%）	38.7	40.0	41.4	42.1	43.0	43.5	37.5	39.5	38.2	38.8
3.4 硕博学位R&D人员占比（%）	62.5	63.8	66.2	69.8	71.2	72.7	75.1	76.1	78.1	78.8
3.5 R&D人员全时当量（万人年）	32.5	33.5	35.5	36.0	38.2	41.1	56.6	61.48	67.2	72.6
其中：基础研究	14.7	15.5	16.4	16.7	18.1	19.1	26.7	28.5	31.9	34.8
应用研究	15.9	16.1	17.2	17.3	18.3	19.7	25.8	29.0	30.7	32.8
试验发展	1.9	1.9	1.9	2.0	1.9	2.3	4.1	4.1	4.6	4.9
3.6 R&D人员全时当量占全国的比例（%）	9.2	9.0	9.4	9.3	9.5	9.4	11.8	11.7	11.8	11.4

表3-2 普通高校R&D经费投入（2013—2022年）

指标	2013年	2014年	2015年	2016年	2017年	2018年	2019年	2020年	2021年	2022年
3.7 R&D经费内部支出（亿元）	856.7	898.1	998.6	1072.2	1266.0	1457.9	1796.6	1882.5	2180.5	2412.4
3.8 占全国R&D经费内部支出比重（%）	7.2	6.9	7.0	6.8	7.2	7.4	8.1	7.7	7.8	7.8
3.9 R&D人员人均经费（万元）	12.0	11.8	11.9	12.6	13.9	14.8	14.6	14.8	15.5	15.9
3.10.1 基础研究占R&D经费内部支出比例（%）	35.9	36.6	39.2	40.3	42.0	40.5	40.2	38.5	41.5	41.3
3.10.2 应用研究占R&D经费内部支出比例（%）	51.5	53.1	51.7	49.3	49.2	48.8	48.9	51.2	48.3	48.8
3.10.3 试验发展占R&D经费内部支出比例（%）	12.6	10.4	9.1	10.4	8.8	10.7	10.9	10.3	10.2	9.9
3.11.1 R&D经费内部支出中来源于政府资金的比例（%）	60.3	59.7	63.8	64.1	63.6	66.7	58.4	59.9	57.3	57.4
3.11.2 R&D经费内部支出中来源于企业资金的比例（%）	33.8	33.7	30.2	29.0	28.5	26.6	26.2	35.4	32.6	32.3
3.11.3 R&D经费内部支出中来源于国外资金的比例（%）	0.6	0.6	0.5	0.6	0.5	0.4	0.3	0.3	0.3	0.3
3.11.4 R&D经费内部支出中来源于其他资金的比例（%）	5.3	6.0	5.5	6.3	7.5	6.4	15.1	4.4	9.8	10.0
3.12 R&D课题经费（亿元）	662.7	701.8	765.6	777.2	877.0	988.8	1154.0	1202.2	1343.6	1441.3

注：本报告百分比统计数据均保留一位小数，由于四舍五入，相加可能不等于100%。下同。

表3-3 普通高校R&D课题人员投入按学科分布（2013—2022年）

单位：人年

学科	2013年	2014年	2015年	2016年	2017年	2018年	2019年	2020年	2021年	2022年
数学	5890	6353	6449	6277	6124	6319	9165	9674	10 245	11 142
信息科学与系统科学	3459	3772	4091	4442	4748	4885	7561	8654	9639	11 805
力学	1427	1611	1347	1405	1727	1823	3707	3818	4783	4166
物理学	7156	7303	7202	7300	7694	8101	14 424	15 296	15 629	16 328
化学	10 355	10 577	10 792	10 548	11 518	11 407	17 909	19 659	21 270	23 009
天文学	127	218	215	202	219	237	483	556	641	771
地球科学	6301	6596	7118	6637	6971	7080	12 931	13 852	15 263	16 578
生物学	11 634	11 384	11 587	12 047	12 336	12 606	20 240	22 257	22 965	25 425
心理学	186	1357	215	302	335	334	2192	2079	809	2685
农学	8207	7998	8405	9557	9888	9178	14 684	15 028	15 926	17 224
林学	2179	2285	2287	2447	2515	2575	3656	3523	3880	4468
畜牧、兽医科学	3128	3150	2838	3383	3483	3633	5085	5807	6572	7000
水产学	1098	1215	1281	1194	1126	1356	1570	1730	1881	1948
基础医学	14 440	14 259	14 932	15 415	16 171	19 366	23 072	26 557	28 568	35 467
临床医学	40 127	43 330	43 694	43 467	47 666	53 319	69 327	77 816	84 308	88 007
预防医学与卫生学	1838	1909	2150	2001	2305	2365	4866	4101	4367	5636
军事医学与特种医学	119	80	56	68	91	91	159	243	214	224
药学	3738	4162	4093	4586	4780	5684	7377	7978	8056	8479
中医学与中药学	13 654	12 223	12 541	12 153	13 433	14 959	18 965	19 899	20 255	23 202
工程与技术科学基础学科	1504	2211	1819	2092	2299	2410	4681	5205	6328	8107
信息与系统科学相关工程与技术	1985	2555	2527	2908	3638	4132	6931	7676	8975	8639
自然科学相关工程与技术	1075	1176	1342	1773	2167	1998	4268	4964	4422	5584
测绘科学技术	904	912	1129	1042	1134	1249	2264	2285	2566	2738
材料科学	10 495	11 321	11 724	12 806	13 341	14 000	23 505	25 348	28 330	30 663
矿山工程技术	3655	3243	3111	3359	3472	3446	4934	5319	6256	7025
冶金工程技术	1254	1053	1100	1114	1266	1548	2182	2514	2823	2594
机械工程	11 092	11 546	12 301	12 948	13 339	14 512	23 037	24 680	28 472	28 530
动力与电气工程	5558	5978	6437	6493	7128	7527	13 548	13 814	15 777	17 095
能源科学技术	2430	3194	2506	2285	2415	2420	4493	5767	6382	7562
核科学技术	497	586	524	568	582	494	1269	1264	1385	1792
电子、通信与自动控制技术	12 560	11 653	12 458	12 634	12 208	12 659	23 435	25 448	24 799	25 471

续表

学科	2013年	2014年	2015年	2016年	2017年	2018年	2019年	2020年	2021年	2022年
计算机科学技术	11 528	12 138	12 695	12 814	13 878	15 289	22 875	26 261	28 834	31 867
化学工程	5748	5718	5912	5963	6397	6580	8764	9190	10 318	10 878
产品应用相关工程与技术	567	531	600	727	713	776	1965	1165	1159	1458
纺织科学技术	1060	929	879	1049	1222	1233	1527	1545	1759	1433
食品科学技术	2738	2984	3036	3115	3594	4196	5847	6665	6733	7274
土木建筑工程	7580	8032	9111	9487	10 444	10 997	16 056	17 414	19 125	19 094
水利工程	1752	1781	1684	1975	2031	2037	3597	3662	4010	4339
交通运输工程	4646	4933	4805	4948	4826	5216	8847	8617	10 088	9304
航空、航天科学技术	2350	1729	2189	2120	2058	1911	3929	5351	7094	8727
环境科学技术	7209	6935	7609	7622	7852	8500	13 157	14 060	14 913	15 052
安全科学技术	611	711	826	824	898	903	2065	2076	2277	2647
管理学	20 359	19 819	23 885	22 834	22 750	24 822	29 450	32 378	6563	37 432
马克思主义	2976	3350	4037	4336	4852	5784	6381	7497	9145	10 339
哲学	1505	1599	1622	1598	1512	1654	1686	1797	1862	1886
宗教学	250	290	336	291	291	300	278	305	287	319
语言学	6152	6435	7172	6821	6812	7205	7302	7360	8129	8489
文学	4753	4864	5305	4901	5094	5426	5603	5844	6282	6484
艺术学	6383	6795	8010	8225	9332	10 489	11 275	12 260	14 353	15 651
历史学	2369	2497	2664	2360	2550	2816	2910	3110	3296	3443
考古学	254	291	336	307	353	421	458	512	633	770
经济学	12 675	13 073	14 357	13 914	14 111	14 921	14 105	15 007	15 802	16 659
政治学	2128	2205	2416	2309	2413	2595	2572	2751	2902	3054
法学	5100	5277	5698	5551	5797	5894	6000	6565	7225	7719
军事学	15	6	22	21	12	10	—	—	—	—
社会学	4806	5050	5562	5537	5906	6256	6052	6209	6497	6915
民族学	1300	1495	1773	1888	2129	2162	2135	2345	2503	2782
新闻学与传播学	1831	1966	2139	2180	2535	2573	2635	3074	3449	3726
图书馆、情报与文献学	1773	1808	1924	1737	1812	1873	1813	1890	1961	1969
教育学	10 823	11 423	14 140	15 582	16 971	18 781	18 637	21 107	24 997	28 351
体育科学	4118	3886	4188	4043	4116	4479	4573	4772	5443	5716
统计学	754	834	957	966	954	972	948	1022	1137	1252
其他	310	273	315	342	1654	1966	—	—	962	1457

表3-4　分地区普通高校R&D人员情况（2022年）

地区	R&D人员（人）	硕博学位R&D人员比例（%）	女性R&D人员比例（%）
北　京	146 363	80.3	28.9
天　津	34 851	83.4	36.2
河　北	48 331	77.5	51.0
山　西	27 830	78.9	47.1
内蒙古	14 283	77.8	51.1
辽　宁	50 655	79.0	41.9
吉　林	48 352	83.5	45.1
黑龙江	42 545	81.5	34.2
上　海	79 498	78.7	33.5
江　苏	104 679	84.0	34.8
浙　江	84 726	82.3	40.8
安　徽	57 896	79.3	36.4
福　建	50 820	75.8	41.6
江　西	30 943	74.4	42.1
山　东	87 721	78.9	42.3
河　南	50 209	78.4	49.6
湖　北	67 283	78.5	32.5
湖　南	65 336	75.7	40.0
广　东	104 249	78.3	39.7
广　西	47 429	73.2	45.4
海　南	7668	76.6	47.3
重　庆	41 711	74.9	37.1
四　川	73 136	74.7	38.1
贵　州	22 079	72.7	42.9
云　南	28 641	71.5	46.8
西　藏	1829	61.4	36.2
陕　西	59 947	84.9	31.4
甘　肃	18 103	76.0	36.4
青　海	1936	76.4	39.0
宁　夏	5241	69.3	44.2
新　疆	14 698	77.2	43.2

表3-5　分地区普通高校R&D人员全时当量（2022年）

地区	R&D人员全时当量（人年）	基础研究人员的占比（%）	应用研究人员的占比（%）	试验发展人员的占比（%）	研究人员占R&D人员的比例（%）
北　京	83 037	41.0	53.0	6.0	91.7
天　津	18 671	47.4	42.3	10.3	91.9
河　北	18 852	42.9	53.5	3.6	91.5
山　西	13 280	56.2	40.8	2.9	88.3
内蒙古	6060	50.6	43.4	6.0	92.7
辽　宁	25 831	43.3	49.6	7.1	92.0
吉　林	22 892	51.1	43.8	5.1	89.0
黑龙江	26 945	43.3	53.9	2.8	91.7
上　海	48 212	55.6	36.2	8.2	87.3
江　苏	51 148	56.1	36.1	7.8	94.7
浙　江	34 680	42.4	50.4	7.2	88.2
安　徽	29 174	53.2	39.1	7.7	87.6
福　建	21 639	26.5	66.6	6.9	87.0
江　西	13 185	58.8	38.7	2.5	83.8
山　东	41 472	52.2	41.2	6.6	89.1
河　南	17 027	43.9	47.5	8.6	85.7
湖　北	34 676	38.3	51.9	9.7	88.9
湖　南	30 043	50.1	45.6	4.4	89.6
广　东	47 441	52.1	42.6	5.3	83.4
广　西	19 606	56.1	41.1	2.8	86.0
海　南	2952	51.2	44.0	4.9	82.3
重　庆	16 261	39.8	53.4	6.8	85.6
四　川	32 861	45.9	48.5	5.6	86.2
贵　州	7878	52.0	42.8	5.2	88.1
云　南	12 348	65.6	31.9	2.4	84.3
西　藏	543	86.0	9.3	4.7	75.5
陕　西	32 221	47.1	33.9	19.0	95.3
甘　肃	8296	52.8	41.9	5.3	95.1
青　海	829	45.6	51.9	2.5	86.1
宁　夏	2365	52.6	35.9	11.5	85.2
新　疆	5461	55.7	42.0	2.3	85.2

表3-6 分地区普通高校R&D经费内部支出及结构（2022年）

地区	R&D经费内部支出（亿元）	R&D人员人均经费（万元）	基础研究占R&D经费内部支出比例（%）	应用研究占R&D经费内部支出比例（%）	试验发展占R&D经费内部支出比例（%）
北　京	311.6	21.3	33.2	58.8	7.9
天　津	48.2	13.8	29.4	53.5	17.1
河　北	55.2	11.4	38.2	50.8	11.0
山　西	20.3	7.3	44.7	53.2	2.1
内蒙古	8.6	6.0	40.2	52.9	6.9
辽　宁	76.2	15.0	33.4	53.5	13.1
吉　林	27.7	5.7	39.8	50.3	9.9
黑龙江	77.2	18.1	29.1	66.2	4.7
上　海	170.5	21.5	56.1	36.6	7.3
江　苏	202.5	19.3	48.6	40.7	10.7
浙　江	133.3	15.7	39.2	51.2	9.6
安　徽	119.8	20.7	55.2	34.9	9.9
福　建	79.1	15.6	30.2	58.3	11.5
江　西	38.4	12.4	54.5	37.6	7.9
山　东	114.3	13.0	40.4	51.5	8.1
河　南	70.1	14.0	39.2	46.5	14.3
湖　北	117.8	17.5	26.5	56.7	16.8
湖　南	129.0	19.8	46.0	48.0	6.1
广　东	238.5	22.9	45.2	45.3	9.6
广　西	22.8	4.8	54.6	41.2	4.1
海　南	12.0	15.6	57.2	30.4	12.5
重　庆	67.5	16.2	38.8	50.9	10.3
四　川	105.2	14.4	39.7	50.9	9.4
贵　州	25.3	11.4	45.7	43.6	10.7
云　南	28.8	10.0	54.3	41.6	4.1
西　藏	1.8	9.9	87.3	4.0	8.7
陕　西	79.6	13.3	34.6	45.3	20.0
甘　肃	14.7	8.1	46.3	49.3	4.4
青　海	3.1	15.9	32.1	64.8	3.1
宁　夏	7.0	13.4	42.8	40.6	16.5
新　疆	6.2	4.2	49.2	47.7	3.1

表3-7 分地区普通高校R&D经费来源结构（2022年）

单位：%

地区	政府资金比例	企业资金比例	国外资金比例	其他资金比例
北 京	60.6	27.1	1.4	10.8
天 津	50.3	43.1	0.1	6.5
河 北	50.7	40.8	0.0	8.6
山 西	63.1	27.5	0.0	9.5
内蒙古	71.1	13.4	0.0	15.5
辽 宁	50.9	42.6	0.3	6.2
吉 林	63.0	29.5	0.1	7.4
黑龙江	60.5	24.4	0.0	15.1
上 海	63.7	30.3	0.3	5.7
江 苏	49.6	41.9	0.1	8.5
浙 江	55.3	34.1	0.2	10.4
安 徽	65.7	24.7	0.1	9.6
福 建	63.3	27.0	0.1	9.7
江 西	63.9	25.3	0.0	10.7
山 东	53.6	37.4	0.1	8.9
河 南	49.5	39.1	0.0	11.5
湖 北	48.4	41.3	0.2	10.2
湖 南	59.5	32.9	0.1	7.5
广 东	62.9	26.4	0.2	10.5
广 西	67.2	19.4	0.0	13.4
海 南	60.4	6.7	0.0	32.9
重 庆	46.9	37.1	0.1	15.9
四 川	44.7	41.6	0.1	13.6
贵 州	63.1	20.3	0.0	16.6
云 南	80.5	12.1	0.0	7.4
西 藏	89.5	6.3	0.0	4.2
陕 西	52.7	37.7	0.2	9.5
甘 肃	58.2	30.7	0.2	10.9
青 海	85.2	4.5	0.0	10.4
宁 夏	81.5	11.6	0.0	7.0
新 疆	75.6	10.5	0.0	13.9

表3-8　分地区普通高校R&D课题经费（2022年）

地区	R&D课题经费（亿元）	平均每项课题经费（万元）
北 京	242.1	18.2
天 津	32.0	10.6
河 北	22.8	6.0
山 西	13.6	6.0
内蒙古	5.7	3.4
辽 宁	41.8	9.9
吉 林	16.8	4.7
黑龙江	66.2	20.4
上 海	110.9	13.7
江 苏	128.8	12.0
浙 江	85.8	9.1
安 徽	41.9	6.4
福 建	33.3	5.9
江 西	17.8	4.4
山 东	75.6	8.8
河 南	29.4	6.0
湖 北	78.9	10.7
湖 南	48.4	6.7
广 东	104.8	8.8
广 西	11.4	2.9
海 南	7.9	7.7
重 庆	34.1	8.5
四 川	73.5	8.7
贵 州	11.7	4.7
云 南	14.6	5.9
西 藏	0.5	2.7
陕 西	71.8	9.1
甘 肃	9.3	5.3
青 海	1.5	10.4
宁 夏	3.7	5.4
新 疆	4.7	3.8

表3-9　按学校规格、隶属分普通高校R&D人员全时当量占比（2013—2022年）

单位：%

院校类型		2013年	2014年	2015年	2016年	2017年	2018年	2019年	2020年	2021年	2022年
按学校规格分	"211工程"院校及省部共建高等学校	42.8	43.1	42.4	41.2	40.2	45.9	49.8	37.9	37.6	37.4
	其他本科高等学校	54.3	53.5	53.1	53.9	54.1	47.1	45.8	56.2	56.7	56.5
	高等专科学校	2.9	3.4	4.5	4.9	5.6	7.0	4.3	5.8	5.7	6.1
按学校隶属分	部委院校	5.4	5.2	5.1	5.0	4.2	4.8	7.0	4.7	4.6	4.8
	教育部直属院校	30.7	31.4	31.1	30.1	30.2	32.7	36.8	27.2	26.8	26.3
	地方院校	63.9	63.4	63.9	64.9	65.6	62.5	56.2	68.1	68.5	68.9

注：仅包括设有理、工、农、医类教学专业的高校。

表3-10　按学校规格、隶属与类型分普通高校R&D经费来源结构（2022年）

单位：%

院校类型		政府资金比例	企事业单位资金比例	其他资金比例
按学校规格分	"211工程"院校及省部共建高等学校	66.0	29.9	5.5
	其他本科高等学校	51.5	26.6	21.9
	高等专科学校	32.3	25.9	41.8
按学校隶属分	部委院校	68.2	26.9	4.9
	教育部直属院校	63.3	31.8	4.9
	地方院校	52.7	25.9	21.4
按学校类型分	综合大学	62.4	25.0	12.5
	理工院校	55.1	36.2	8.7
	农林院校	73.0	16.8	10.2
	医药院校	62.9	11.9	25.2
	师范院校	53.2	20.7	26.1
	其他	53.1	20.3	26.6

注：仅包括设有理、工、农、医类教学专业的高校。

表3-11 按学校规格、隶属与类型分普通高校R&D经费支出结构（2022年）

单位：%

	院校类型	基础研究比例	应用研究比例	试验发展比例
按学校规格分	"211工程"院校及省部共建高等学校	39.8	48.8	11.4
	其他本科高等学校	39.5	47.7	12.8
	高等专科学校	14.1	72.6	13.3
按学校隶属分	部委院校	32.1	60.2	7.7
	教育部直属院校	41.1	46.4	12.5
	地方院校	40.8	46.3	12.9
按学校类型分	综合大学	47.9	41.9	10.2
	理工院校	31.2	55.2	13.5
	农林院校	36.4	53.6	10.0
	医药院校	60.6	33.6	5.8
	师范院校	49.9	34.0	16.0
	其他	34.3	60.8	4.8

注：仅包括设有理、工、农、医类教学专业的高校。

表3-12 部分国家高校R&D人员、研究人员全时当量及占比（2021年）

国家	高校R&D人员全时当量（万人年）	高校R&D人员全时当量占本国R&D人员全时当量的比重（%）	高校研究人员占高校R&D人员全时当量的比重（%）
中　国	67.20	11.80	89.20
日　本	22.34	23.70	61.50
德　国	15.56	20.70	77.40
法　国	13.59	27.10	68.00
俄罗斯	11.00	14.60	71.90
西班牙	8.82	36.40	79.30
韩　国	7.97	13.80	54.90
荷　兰	3.86	22.40	65.50
比利时	2.50	20.90	79.40
丹　麦	2.29	36.80	78.10

续表

国家	高校R&D人员全时当量（万人年）	高校R&D人员全时当量占本国R&D人员全时当量的比重（%）	高校研究人员占高校R&D人员全时当量的比重（%）
瑞　典	2.02	20.50	86.60
奥地利	2.02	23.20	77.30
挪　威	1.76	34.10	80.40

注：高校R&D人员全时当量来源于OECD统计数据，高校R&D人员全时当量占本国R&D人员全时当量的比重、高校研究人员占高校R&D人员全时当量的比重根据OECD统计数据计算得到。

俄罗斯数据为2020年数据。

表3-13　部分国家高校R&D经费及占本国R&D经费的比重（2021年）

国家	高校R&D经费（亿本国货币）	按购买力平价计算的高校R&D经费（亿美元）	高校R&D经费占本国R&D经费的比重（%）
美　国	840.35	840.35	10.43
中　国	2180.5	517.93	7.80
德　国	206.13	279.89	18.27
日　本	21 496.30	210.09	11.87
法　国	112.10	155.94	20.26
英　国	138.69	202.28	22.45
加拿大	160.67	129.96	37.72
韩　国	93 306.15	109.28	9.14
意大利	61.91	95.58	23.35
西班牙	45.87	73.26	26.59
荷　兰	49.00	67.52	26.92
瑞　典	429.81	49.27	23.49
俄罗斯	1156.68	47.23	9.85
奥地利	28.95	38.27	22.35
丹　麦	240.19	36.44	34.10
芬　兰	17.31	20.94	23.11

注：为了便于各国经费横向比较，除了以本国货币统计的高校R&D经费，这里还采用了用购买力平价（PPP）计算的高校R&D经费，这与直接根据各国R&D经费本币支出和汇率计算的结果有所不同。

数据来源于OECD统计数据。英国、俄罗斯数据为2020年数据。

表3-14　部分国家高校R&D经费按活动类型分的占比情况

单位：%

国家	基础研究占比	应用研究占比	试验发展占比
美　国（2021年）	62.4	27.9	9.7
意大利（2020年）	56.0	33.8	10.2
日　本（2021年）	54.8	36.1	9.1
西班牙（2020年）	50.0	38.8	11.3
新加坡（2020年）	42.3	32.4	25.3
丹　麦（2020年）	40.9	45.3	13.8
俄罗斯（2020年）	39.5	47.2	13.2
中　国（2021年）	41.5	48.3	10.2
韩　国（2021年）	39.0	31.1	29.9
澳大利亚（2020年）	37.1	53.0	9.9

注：数据根据OECD统计数据计算得到。

表3-15　部分国家高校R&D经费占GDP比例（2011—2021年）

单位：%

国家	2011年	2012年	2013年	2014年	2015年	2016年	2017年	2018年	2019年	2020年	2021年
瑞　典	0.84	0.88	0.89	0.90	0.86	0.87	0.84	0.84	0.80	0.81	0.78
奥地利	0.68	0.72	0.72	0.73	0.72	0.69	0.69	0.69	0.68	0.72	0.75
芬　兰	0.72	0.73	0.70	0.72	0.70	0.68	0.69	0.70	0.71	0.72	0.69
澳大利亚	0.59	0.63	0.62	0.62	0.57	0.62	0.61	0.62	0.64	0.61	—
荷　兰	0.61	0.61	0.62	0.63	0.64	0.61	0.61	0.59	0.60	0.65	0.65
德　国	0.50	0.51	0.51	0.51	0.51	0.53	0.53	0.55	0.55	0.59	0.57
法　国	0.46	0.46	0.47	0.50	0.50	0.46	0.46	0.45	0.44	0.47	0.45
英　国	0.43	0.42	0.43	0.42	0.40	0.39	0.39	0.65	0.63	0.66	0.66
美　国	0.40	0.38	0.37	0.36	0.36	0.36	0.37	0.36	0.37	0.38	0.36
日　本	0.43	0.43	0.45	0.42	0.40	0.38	0.38	0.37	0.38	0.38	0.39
韩　国	0.36	0.37	0.37	0.37	0.36	0.36	0.36	0.37	0.38	0.43	0.45
中　国	0.14	0.14	0.14	0.14	0.14	0.14	0.15	0.16	0.18	0.19	0.19
俄罗斯	0.09	0.10	0.09	0.10	0.11	0.10	0.10	0.10	0.11	0.11	—

注：数据来源于OECD统计数据。

四、科技成果及转化

　　监测结果显示，2022年，我国普通高校发表科技论文30.1万篇，占全国发表科技论文总数的66.3%。被SCI收录论文58.6万篇，占全国被SCI收录论文总数的86.0%。2022年，我国普通高校申请专利39.5万件，占全国专利申请总数的7.6%；高校专利授权28.7万件，占全国专利授权总数的6.8%。其中，高校发明专利申请数量占高校专利申请总数的67.1%，占全国发明专利申请数量的18.1%；高校发明专利授权数量占高校专利授权总数的59.8%，占全国发明专利授权总数的24.7%。普通高校签订技术市场成交合同13.3万项，占全国技术市场成交合同总数的17.2%；技术市场成交合同金额811.4亿元，占全国技术市场成交合同金额的1.7%。专利所有权转让及许可21 566项，专利所有权转让及许可收入34.0亿元。

表4-1　普通高校创新成果及转化情况（2013—2022年）

指标	2013年	2014年	2015年	2016年	2017年	2018年	2019年	2020年	2021年	2022年
4.1 科技论文数量（万篇）	33.1	32.1	31.9	32.0	31.2	30.1	22.1	29.9	30.9	30.1
4.2 科技论文数量占全国的比例（%）	64.0	64.4	64.6	64.8	66.0	66.3	49.4	66.2	67.2	66.3
4.3 被SCI收录论文数量（万篇）	16.1	19.5	22.0	24.1	27.3	32.0	38.7	42.8	47.3	58.6
4.4 被SCI收录论文数量占全国的比例（%）	83.7	83.0	82.8	83.1	84.4	85.1	85.9	85.4	84.9	86.0
4.5 专利申请数量（万件）	16.8	18.4	23.5	31.5	33.6	40.7	43.1	41.9	45.7	39.5
4.6 专利申请数量占全国的比例（%）	7.5	8.3	8.9	9.5	9.5	9.8	10.3	8.4	9.0	7.6
4.7 发明专利申请数量占全国的比例（%）	14.0	14.0	13.8	14.4	14.4	16.3	19.7	16.8	18.3	18.1

指标	2013年	2014年	2015年	2016年	2017年	2018年	2019年	2020年	2021年	2022年
4.8 发明专利申请数量占专利申请数的比例（%）	58.8	60.9	56.8	55.0	53.5	55.6	56.8	53.9	57.1	67.1
4.9 专利授权数量（万件）	8.5	9.2	13.6	15.0	17.0	19.4	21.8	30.4	35.7	28.7
4.10 专利授权数量占全国的比例（%）	6.9	7.6	8.5	9.2	9.9	8.3	8.8	8.6	8.0	6.8
4.11 发明专利授权数量占全国的比例（%）	23.2	23.6	21.7	20.6	23.1	21.6	25.3	26.9	25.0	24.7
4.12 发明专利授权数量占专利授权的比例（%）	39.2	41.4	42.0	41.6	44.4	38.6	41.9	39.1	41.0	59.8
4.13 技术市场成交合同数量（万项）	6.4	5.4	5.7	6.0	7.0	7.6	10.2	9.1	12.7	13.3
4.14 技术市场成交合同数量占全国的比例（%）	21.8	18.3	18.6	18.7	19.0	18.5	21.1	16.5	19.0	17.2
4.15 技术市场成交合同金额（亿元）	329.5	315.1	314.3	360.0	355.8	453.2	592.9	561.0	790.4	811.4
4.16 技术市场成交合同金额占全国的比例（%）	4.4	3.7	3.2	3.2	2.7	2.6	2.6	2.0	2.1	1.7
4.17 专利所有权转让及许可数量（项）	2344	2293	2786	4839	5942	6265	9330	15 288	16 293	21 566
4.18 专利所有权转让及许可收入（亿元）	4.4	5.4	6.7	12.2	19.6	19.0	15.6	24.8	33.4	34.0
4.19 其他企业（单位）委托R&D课题数（万项）	15.8	17.0	18.0	19.1	20.7	23.9	28.6	32.2	34.7	36.6
4.20 其他企业（单位）委托R&D课题经费（亿元）	230.1	245.5	244.5	247.0	274.1	302.5	352.8	381.0	409.7	433.1
4.21 参与其他企业（单位）委托R&D课题人员数量（万人年）	6.1	6.4	6.5	6.9	7.1	8.0	12.3	13.9	14.4	15.3

表4-2　分地区普通高校科技创新产出（2022年）

地区	发表科技论文数量（篇）	专利申请数量（件）	有效发明专利数量（件）	形成国家或行业标准数量（项）	专利所有权转让与许可数量（件）	专利所有权转让与许可收入（万元）
北　京	140 824	23 874	89 152	300	911	44 796
天　津	41 282	5067	15 073	1	368	7503
河　北	35 329	6395	11 068	71	818	3237
山　西	25 865	3898	9188	6	516	3179
内蒙古	12 710	2911	2158	3	16	164
辽　宁	57 011	10 616	24 352	45	499	13 959
吉　林	34 857	6421	11 797	7	196	4153
黑龙江	39 525	9727	27 486	3	330	3549
上　海	125 390	14 659	41 841	105	642	27 584
江　苏	168 682	48 862	99 734	131	5293	37 711
浙　江	72 125	24 470	56 419	65	2350	16 692
安　徽	49 957	16 849	19 460	36	693	4763
福　建	34 709	8638	16 307	26	361	5321
江　西	30 354	8186	9414	26	232	8122
山　东	92 298	22 000	46 524	132	1282	39 378
河　南	53 607	14 030	19 589	45	649	5487
湖　北	96 144	18 821	39 468	34	1190	27 677
湖　南	76 243	14 508	26 466	62	581	4494
广　东	131 071	25 992	45 641	85	1341	26 942
广　西	29 000	8010	9184	17	519	3421
海　南	6360	1098	1001	1	20	156
重　庆	44 741	8202	16 694	22	472	2717
四　川	95 081	16 221	31 876	31	710	10 603
贵　州	21 232	3718	3125	11	77	679
云　南	20 339	5237	7296	26	56	315
西　藏	1348	104	52	—	1	30
陕　西	74 418	18 923	43 114	94	1287	35 405
甘　肃	19 840	3495	3086	1	103	861
青　海	4024	411	395	—	3	55
宁　夏	6799	1102	677	—	38	966
新　疆	16 827	2407	1711	8	12	100

表4-3　不同规格、隶属与类型学校在普通高校科技成果中的占比（2022年）

单位：%

院校分类		发表学术论文	发表国际论文	专利申请	发明专利申请	专利授权	发明专利授权
按学校规格分	"211工程"院校及省部共建高等学校	51.9	60.3	40.7	51.4	43.6	56.1
	其他本科高等学校	44.1	39.0	47.5	43.1	46.3	40.5
	高等专科学校	4.0	0.7	11.8	5.5	10.1	3.4
按学校隶属分	部委院校	6.4	6.8	6.6	9.0	6.9	10.3
	教育部直属院校	38.9	46.0	27.7	35.2	30.1	38.7
	地方院校	54.7	47.2	65.6	55.8	63.0	51.0
按学校类型分	综合大学	34.3	39.3	30.5	31.0	31.5	31.7
	理工院校	37.7	36.6	51.1	55.2	49.8	55.3
	农林院校	5.6	5.1	4.8	4.3	5.5	4.6
	医药院校	15.9	12.4	7.0	4.2	6.9	3.1
	师范院校	5.2	5.5	4.4	4.1	4.4	4.2
	其他	1.4	1.0	2.1	1.2	2.0	1.2

注：仅包括设有理、工、农、医类教学专业的高校。

表4-4　不同规格、隶属与类型学校在普通高校技术成果转让中的占比（2022年）

单位：%

院校分类		专利出售合同数	专利出售合同金额	专利出售当年实际收入	技术转让合同数	技术转让合同金额	技术转让当年实际收入
按学校规格分	"211工程"院校及省部共建高等学校	26.2	79.5	66.6	22.8	68.8	50.5
	其他本科高等学校	55.6	19.5	30.4	61.7	29.9	46.5
	高等专科学校	18.1	1.0	3.1	15.4	1.3	3.1
按学校隶属分	部委院校	3.6	5.6	10.7	3.3	4.9	8.3
	教育部直属院校	19.0	69.8	50.8	15.6	60.0	37.3
	地方院校	77.5	24.6	38.5	81.2	35.1	54.4
按学校类型分	综合大学	27.0	52.4	34.2	23.2	46.5	27.0
	理工院校	56.1	32.3	53.7	57.5	38.3	58.7
	农林院校	5.4	2.4	3.2	5.2	2.8	3.8
	医药院校	3.4	11.3	4.4	4.7	10.2	5.4
	师范院校	6.2	1.4	3.7	7.8	2.0	4.6
	其他	1.7	0.2	0.7	1.6	0.2	0.6

注：仅包括设有理、工、农、医类教学专业的高校。

表4-5　国内外部分高水平院校校均科研产出数量比较（2013—2022年）

单位：篇

院校类型	2013年	2014年	2015年	2016年	2017年	2018年	2019年	2020年	2021年	2022年
"双一流"建设高校	1627.7	1790.3	1935.1	2076.1	2255.2	2528.3	2917.5	3242.2	3594.2	4304.8
中国"C9"院校	6719.7	7287.8	7859.2	8325.1	8881.8	9788.9	11 066.8	12 424.4	13 772.4	16 072.0
澳大利亚Go8院校	4696.0	5040.8	5298.4	5533.3	5684.4	6076.3	6381.5	6875.9	7528.0	7375.4
美国常青藤联盟院校	6403.1	6704.5	6864.5	7127.9	7333.8	7644.9	7864.0	8578.6	9425.9	9153.3

　　注：数据来源于Elsevier公司的SciVal科研评价和分析平台，所选择的产出类型为研究论文和综述。该表中，根据2022年教育部公布的第二轮"双一流"建设高校及建设学科名单，"'双一流'建设高校"共呈现141所"双一流"建设高校和建设学科的数据（其中6所艺术类院校缺失数据）。下同。

表4-6　国内外部分高水平院校科研产出学术影响力比较（2013—2022年）

院校类型	2013年	2014年	2015年	2016年	2017年	2018年	2019年	2020年	2021年	2022年
"双一流"建设高校	1.21	1.23	1.29	1.32	1.37	1.38	1.42	1.5	1.39	1.38
中国"C9"院校	0.96	1.01	1.07	1.1	1.17	1.22	1.26	1.31	1.26	1.26
澳大利亚Go8院校	1.71	1.73	1.79	1.81	1.77	1.74	1.71	1.71	1.67	1.63
美国常青藤联盟院校	2.17	2.21	2.2	2.19	2.08	2.02	2.01	1.95	1.90	1.86

表4-7　国内外部分高水平院校校企合作校均科研产出数量比较（2013—2022年）

单位：篇

院校类型	2013年	2014年	2015年	2016年	2017年	2018年	2019年	2020年	2021年	2022年
"双一流"建设高校	41.5	48.0	53.3	57.7	63.2	72.3	82.8	92.2	106.1	132.5
中国"C9"院校	176.4	209.1	221.1	245.4	264.4	295.9	325.1	379.3	438.9	534.2
澳大利亚Go8院校	153.6	171.5	198.8	198.5	213.9	231.8	238.5	236.9	282.6	273.8
美国常青藤联盟院校	360.8	400.3	426.3	445.8	457.8	483.6	478.1	510.0	604.9	616.3

表4-8　国内外部分高水平院校校企合作产出占总产出的比例（2013—2022年）

单位：%

院校类型	2013年	2014年	2015年	2016年	2017年	2018年	2019年	2020年	2021年	2022年
"双一流"建设高校	2.5	2.7	2.8	2.8	2.8	2.9	2.8	2.8	3.0	3.1
中国"C9"院校	2.6	2.9	2.8	2.9	3.0	3.0	2.9	3.1	3.2	3.3
澳大利亚Go8院校	3.3	3.4	3.8	3.6	3.8	3.8	3.7	3.4	3.8	3.7
美国常青藤联盟院校	5.6	6.0	6.2	6.3	6.2	6.3	6.1	5.9	6.4	6.7

五、国际交流与合作

监测结果显示，2022年，我国普通高校与境外合作的R&D课题数为6076项，占普通高校R&D课题总数的0.4%；与境外合作的R&D课题人员投入数为4303人年，占普通高校R&D课题投入人员的0.6%；与境外合作的R&D课题经费投入为15.1亿元，占普通高校R&D课题经费投入的1.1%。2022年，设有理、工、农、医类教学专业的高校开展国际合作研究派遣1.8万人次，接受1.9万人次；主办国际会议2284次，出席国际学术会议15.3万人次，在国际学术会议上交流论文5.7万篇，发表特邀报告1.6万篇。

表5-1　普通高校国际科技合作与交流情况（2013—2022年）

指标	2013年	2014年	2015年	2016年	2017年	2018年	2019年	2020年	2021年	2022年
5.1 与境外合作的R&D课题数（项）	3138	3993	3319	4305	4012	3592	13 006	12 688	10 614	6076
5.2 与境外合作的R&D课题数占比（%）	0.4	0.5	0.4	0.5	0.4	0.3	1.1	1.0	0.7	0.4
5.3 与境外合作的R&D课题人员投入数（人年）	1638	2062	1514	1883	1968	1477	8814	8111	7864	4303
5.4 与境外合作的R&D课题人员投入占比（%）	0.5	0.6	0.4	0.5	0.5	0.3	1.6	1.3	1.2	0.6
5.5 与境外合作的R&D课题经费投入数（亿元）	5.9	7.8	5.9	7.6	7.5	7.9	23.4	21.8	22.0	15.1
5.6 与境外合作的R&D课题经费投入占比（%）	0.9	1.1	0.8	1.0	0.9	0.8	2.0	1.8	1.6	1.1
5.7 国际合作研究派遣人员（人次）*	40 975	44 170	44 992	46 347	45 888	47 029	48 754	18 732	19 064	18 494

指标	2013年	2014年	2015年	2016年	2017年	2018年	2019年	2020年	2021年	2022年
5.8 国际合作研究接受人员（人次）*	37 778	37 551	37 281	39 311	39 375	43 433	41 820	17 948	18 269	19 285
5.9 国际学术会议出席人员（人次）*	159 840	163 893	166 488	180 112	187 107	202 413	227 089	96 488	202 207	152 543
5.10 国际学术会议交流论文（篇）*	97 267	93 464	93 768	99 032	98 793	99 026	110 067	45 433	52 397	57 363
5.11 国际学术会议特邀报告（篇）*	17 851	18 748	19 603	20 828	21 641	22 843	24 801	10 082	14 094	15 524
5.12 国际学术会议主办（次）*	2437	2291	2290	2533	2145	2250	2553	1123	1565	2284

注：* 表示仅包括设有理、工、农、医类教学专业的高校。

表5-2　分地区普通高校国际科技交流情况（2022年）

地区	合作研究		国际学术会议			
	派遣（人次）	接受（人次）	出席人员（人次）	交流论文（篇）	特邀报告（篇）	主办（次）
北　京	479	1482	16 169	7129	2000	184
天　津	501	623	2581	993	292	22
河　北	426	358	1195	547	93	14
山　西	371	97	829	215	78	8
内蒙古	77	68	288	146	53	5
辽　宁	599	246	6671	1569	339	61
吉　林	179	133	3208	871	172	48
黑龙江	201	136	2591	1042	296	54
上　海	983	2697	15 665	6175	2010	153
江　苏	2188	2096	10 671	8331	1720	244
浙　江	732	583	6168	2916	609	69
安　徽	1051	608	2123	784	245	52
福　建	559	475	12 300	2017	548	47
江　西	907	519	2659	885	198	307
山　东	1629	1744	6669	2706	837	108
河　南	398	193	2269	983	452	57

地区	合作研究		国际学术会议			
	派遣 （人次）	接受 （人次）	出席人员 （人次）	交流论文 （篇）	特邀报告 （篇）	主办 （次）
湖　北	675	621	11 172	4200	929	130
湖　南	1292	1290	15 932	2169	462	39
广　东	993	1851	9804	3663	1518	281
广　西	469	292	2037	692	214	76
海　南	84	7	433	93	35	4
重　庆	361	229	1498	701	132	39
四　川	1845	1746	5428	3410	612	64
贵　州	141	103	1665	406	119	10
云　南	135	123	1520	339	103	26
西　藏	43	14	0	0	0	0
陕　西	662	635	8062	3834	1143	146
甘　肃	162	189	1465	392	273	14
青　海	0	0	42	12	18	4
宁　夏	226	58	1225	50	3	12
新　疆	126	69	204	93	21	6

注：仅包括设有理、工、农、医类教学专业的高校。

表5-3　国内外部分高水平院校国际合作校均科研产出数量比较（2013—2022年）

单位：篇

院校类型	2013年	2014年	2015年	2016年	2017年	2018年	2019年	2020年	2021年	2022年
"双一流"建设高校	314.4	363.0	421.5	478.2	545.3	641.9	738.1	825.5	859.8	930.7
中国"C9"院校	1682.3	1886.7	2123.1	2334.0	2595.1	2955.8	3278.0	3615.6	3847.3	4053.9
澳大利亚Go8院校	2248.0	2477.8	2742.5	2955.8	3162.0	3459.3	3740.4	4135.5	4544.1	4404.4
美国常青藤联盟院校	2484.4	2678.9	2848.6	3061.6	3238.3	3424.5	3590.9	3953.0	4307.0	4180.6

注：数据来源于Elsevier公司的SciVal科研评价和分析平台，所选择的产出类型为研究论文和综述。该表中，根据2022年教育部公布的第二轮"双一流"建设高校及建设学科名单，"'双一流'建设高校和学科"共呈现141所"双一流"建设高校和建设学科的数据（其中6所艺术类院校缺失数据）。下同。

表5-4　国内外部分高水平院校国际合作的产出占总产出的比例（2013—2022年）

单位：%

院校类型	2013年	2014年	2015年	2016年	2017年	2018年	2019年	2020年	2021年	2022年
"双一流"建设高校	19.3	20.3	21.8	23.0	24.2	25.4	25.3	25.5	23.9	21.6
中国"C9"院校	25.0	25.9	27.0	28.0	29.2	30.2	29.6	29.1	27.9	25.2
澳大利亚Go8院校	47.9	49.2	51.8	53.4	55.6	56.9	58.6	60.1	60.4	59.7
美国常青藤联盟院校	38.8	40.0	41.5	43.0	44.2	44.8	45.7	46.1	45.7	45.7

中国普通高校创新能力监测报告2024

调查篇　　下　篇

六、高校产学研合作创新

监测结果显示，2022年，参与调研的2578所普通高校学生中去企业就业的专科毕业生有290.9万人，去企业就业的本科毕业生有225.6万人，去企业就业的硕士毕业生有37.5万人，去企业就业的博士毕业生有1.3万人。学校与企业联合共建校内实习、实训、实践基地54 250个，校外实习、实训、实践基地402 149个，创新创业基地33 640个。学校与企业合作编写教材32 353册，合作开发课程122 928门。学校开设创业课程42 786门，设立在校生创业项目（正式立项或注册）135 750项，获得国家级大学生创新创业训练计划立项项目46 083项。企业为学生设立的奖学金金额达13.91亿元。

2022年，参与调研的高校具有累计2年以上企业工作经验的专任教师有30.6万人，学校派去企业实践锻炼累计3个月及以上的专任教师有15.3万人。参与调研的高校拥有外聘兼职教师（校聘）60.1万人，其中，来自企业、行业的教师占59.8%，来自境外的教师占2.5%。企业、行业外聘兼职教师授课的课时总数达3010.97万课时，专任教师参与企业技术咨询和技术服务为111.2万人次，学校承接企业员工培训1702.8万人次，其中，为第二产业培训企业员工618.8万人次，为第三产业培训企业员工985.5万人次。

2022年，参与调研的高校与企业合作申报获得纵向科研项目立项24 004项，立项金额314.98亿元，当年实际收入204.63亿元。参与调研的高校拥有与企业共建研发机构（包括实验室、研究中心等）24 266个，与企业合作发表科技论文80 765篇，与企业合作获得发明专利授权20 643项。参与调研的高校参与国家产业技术创新战略联盟890个，参与省级产业技术创新战略联盟2650个。参与调研的高校获得186 916个企业委托的科研项目24.9万项，合同金额1018.20亿元，当年实际收入693.11亿元。有

19.6万教师承担了企业委托科研项目。

2022年，参与调研的高校专门设置技术转化机构2473个，拥有专职工作人员10 142人、兼职工作人员17 994人。参与调研的高校设置专门的技术转化网站1153个。高校拥有依托本单位科技成果成立的企业6883个，本年以本单位知识产权作价投资形式注册的企业637个，本年以本单位知识产权作价投资合计折价金额45.90亿元。

（一）创新人才培养情况

1.去企业就业的毕业生情况

表6-1　不同类型普通高校学生去企业就业的毕业生情况

单位：人

高校类型	2021年				2022年			
	去企业就业专科毕业生人数	去企业就业本科毕业生人数	去企业就业硕士毕业生人数	去企业就业博士毕业生人数	去企业就业专科毕业生人数	去企业就业本科毕业生人数	去企业就业硕士毕业生人数	去企业就业博士毕业生人数
综合大学	685 795	545 969	96 171	4458	810 841	599 211	110 302	4968
理工院校	1 077 096	756 204	149 468	5205	1 341 033	840 784	174 160	6666
农业院校	83 023	95 989	16 001	832	103 143	84 740	18 479	427
林业院校	22 258	16 023	3455	172	29 328	15 605	3877	59
医药院校	110 657	54 554	5934	273	147 706	59 115	7504	367
师范院校	68 596	246 176	14 068	182	88 882	269 488	18 484	235
语文院校	24 390	41 571	3329	19	31 791	42 807	4916	73
财经院校	247 455	247 802	23 340	360	281 211	273 348	26 107	330
政法院校	15 103	10 365	3031	35	13 366	9910	3814	56
体育院校	7401	11 936	1040	12	8293	11 560	1286	18
艺术院校	36 920	23 650	1451	57	45 197	22 965	1955	91
民族院校	6481	21 625	2625	8	8098	26 058	3618	14
总计	2 385 175	2 071 864	319 913	11 613	2 908 889	2 255 591	374 502	13 304

表6-2　不同规格普通高校学生去企业就业的毕业生情况

单位：人

高校规格	2021年				2022年			
	去企业就业专科毕业生人数	去企业就业本科毕业生人数	去企业就业硕士毕业生人数	去企业就业博士毕业生人数	去企业就业专科毕业生人数	去企业就业本科毕业生人数	去企业就业硕士毕业生人数	去企业就业博士毕业生人数
本科	265 903	2 070 190	319 913	11 613	283 097	2 253 396	374 502	13 304
其中：独立学院	9549	187 161	18	0	8358	206 086	0	0
专科	2 119 272	1674	0	0	2 625 792	2195	0	0
总计	2 385 175	2 071 864	319 913	11 613	2 908 889	2 255 591	374 502	13 304

表6-3　不同隶属普通高校学生去企业就业的毕业生情况

单位：人

高校隶属	2021年				2022年			
	去企业就业专科毕业生人数	去企业就业本科毕业生人数	去企业就业硕士毕业生人数	去企业就业博士毕业生人数	去企业就业专科毕业生人数	去企业就业本科毕业生人数	去企业就业硕士毕业生人数	去企业就业博士毕业生人数
中央	8376	121 084	150 004	9359	10 149	119 457	174 420	11 200
教育部	440	89 486	128 950	8229	208	84 639	147 007	9555
其他部门	7936	31 598	21 054	1130	9941	34 818	27 413	1645
地方	1 888 615	1 302 595	169 564	2254	2 235 173	1 371 622	199 676	2098
教育部门	1 095 706	1 222 784	166 870	2205	1 334 474	1 273 653	195 271	2050
其他部门	736 806	79 042	2055	6	833 165	97 146	2632	26
具有法人资格的中外合作办学	0	730	639	43	853	823	1773	22
地方企业	56 103	39	0	0	66 681	0	0	0
民办	488 184	648 185	345	0	663 567	764 512	406	6
总计	2 385 175	2 071 864	319 913	11 613	2 908 889	2 255 591	374 502	13 304

表6-4 按重点建设项目分普通高校学生去企业就业的毕业生情况

单位：人

高校分类	2021年				2022年			
	去企业就业专科毕业生人数	去企业就业本科毕业生人数	去企业就业硕士毕业生人数	去企业就业博士毕业生人数	去企业就业专科毕业生人数	去企业就业本科毕业生人数	去企业就业硕士毕业生人数	去企业就业博士毕业生人数
"双一流"建设普通本科院校	1245	186 434	188 426	10 142	1453	184 993	218 553	12 025
其他普通本科院校	192 164	1 878 489	131 487	1471	192 406	2 057 408	155 949	1279
"双高"建设高职院校	566 456	660	0	0	640 138	776	0	0
其他高职专科院校	1 574 325	1014	0	0	2 008 020	1419	0	0
其他高职本科院校	50 985	5267	0	0	66 872	10 995	0	0
总计	2 385 175	2 071 864	319 913	11 613	2 908 889	2 255 591	374 502	13 304

注：其他普通本科院校中不含高职本科院校。下同。

表6-5 不同地区普通高校学生去企业就业的毕业生情况

单位：人

地区	2021年				2022年			
	去企业就业专科毕业生人数	去企业就业本科毕业生人数	去企业就业硕士毕业生人数	去企业就业博士毕业生人数	去企业就业专科毕业生人数	去企业就业本科毕业生人数	去企业就业硕士毕业生人数	去企业就业博士毕业生人数
北京	8215	29 155	34 197	2799	11 614	35 614	42 611	3500
天津	43 341	29 884	11 373	408	52 472	35 338	12 927	500
河北	129 708	86 876	6393	35	145 500	93 295	7501	47
山西	35 017	43 001	4286	15	41 807	39 476	4941	23
内蒙古	40 017	30 044	2444	12	41 279	27 283	2500	6
辽宁	55 528	83 989	18 765	408	78 596	83 069	19 290	404
吉林	33 633	58 077	6642	171	45 274	58 668	8177	249
黑龙江	35 095	58 593	8404	435	50 566	60 076	11 210	568
上海	34 486	46 281	27 816	1973	35 339	45 823	30 005	1832
江苏	151 922	147 915	31 709	743	172 850	163 926	36 927	997
浙江	107 494	92 550	12 608	644	125 724	98 449	12 896	813

续表

地区	2021年				2022年			
	去企业就业专科毕业生人数	去企业就业本科毕业生人数	去企业就业硕士毕业生人数	去企业就业博士毕业生人数	去企业就业专科毕业生人数	去企业就业本科毕业生人数	去企业就业硕士毕业生人数	去企业就业博士毕业生人数
安　徽	97 467	102 407	8694	360	131 169	123 131	11 803	442
福　建	65 311	66 729	6660	89	86 568	71 705	7738	137
江　西	88 878	72 534	7674	132	109 729	88 787	6689	37
山　东	200 132	121 351	14 518	347	231 658	108 491	17 548	396
河　南	178 125	142 783	5842	401	230 697	161 401	8319	34
湖　北	100 141	112 513	20 542	596	110 253	129 715	25 401	1034
湖　南	125 163	74 889	11 473	211	176 186	87 123	13 334	289
广　东	218 263	164 618	15 036	260	239 336	164 374	17 937	337
广　西	82 353	62 649	3020	4	118 919	68 867	4230	13
海　南	17 325	16 814	1458	32	21 677	15 890	1116	12
重　庆	70 589	65 124	8444	117	86 282	68 694	10 239	113
四　川	143 922	116 550	16 176	796	158 798	132 662	18 429	678
贵　州	85 687	35 989	2579	6	104 192	47 197	2725	7
云　南	53 400	35 235	4698	55	84 749	66 753	5499	28
西　藏	2256	1391	126	0	2556	1186	148	0
陕　西	80 729	98 581	19 600	511	96 650	95 735	22 976	710
甘　肃	47 301	37 540	4796	34	49 129	36 044	5274	51
青　海	7005	5380	588	0	7280	5148	868	1
宁　夏	10 694	7936	471	1	12 393	10 011	1099	14
新　疆	35 978	24 486	2881	18	49 647	31 660	4145	32
总　计	2 385 175	2 071 864	319 913	11 613	2 908 889	2 255 591	374 502	13 304

2.校企共建基地情况

表6-6　不同类型普通高校校企共建基地情况

单位：个

高校类型	2021年			2022年		
	学校与企业共建的校内实习、实训、实践基地数	学校与企业共建的校外实习、实训、实践基地数	学校与企业共建的创新创业基地数	学校与企业共建的校内实习、实训、实践基地数	学校与企业共建的校外实习、实训、实践基地数	学校与企业共建的创新创业基地数
综合大学	11 517	106 631	7749	12 557	112 351	9023
理工院校	24 430	143 831	13 048	27 129	156 784	14 496
农业院校	2327	16 806	2771	1743	18 752	2004
林业院校	623	3646	154	693	4259	394
医药院校	790	12 636	768	1148	14 641	902
师范院校	3100	29 785	1952	3214	35 928	2389
语文院校	453	5613	471	727	6063	407
财经院校	5397	34 151	2250	5330	38 770	2787
政法院校	378	2710	113	369	3212	223
体育院校	54	1940	99	190	2532	108
艺术院校	1115	4904	457	902	5318	452
民族院校	250	3320	378	248	3539	455
总计	50 434	365 973	30 210	54 250	402 149	33 640

表6-7　不同规格普通高校校企共建基地情况

单位：个

高校规格	2021年			2022年		
	学校与企业共建的校内实习、实训、实践基地数	学校与企业共建的校外实习、实训、实践基地数	学校与企业共建的创新创业基地数	学校与企业共建的校内实习、实训、实践基地数	学校与企业共建的校外实习、实训、实践基地数	学校与企业共建的创新创业基地数
本科	16 068	222 642	22 720	15 254	246 741	25 613
其中：独立学院	725	13 157	739	840	12 915	914
专科	34 366	143 331	7490	38 996	155 408	8027
总计	50 434	365 973	30 210	54 250	402 149	33 640

表6-8　不同隶属普通高校校企共建基地情况

单位：个

高校隶属	2021年			2022年		
	学校与企业共建的校内实习、实训、实践基地数	学校与企业共建的校外实习、实训、实践基地数	学校与企业共建的创新创业基地数	学校与企业共建的校内实习、实训、实践基地数	学校与企业共建的校外实习、实训、实践基地数	学校与企业共建的创新创业基地数
中央	1660	31 507	3551	1674	34 912	3934
教育部	878	24 953	2635	1041	27 839	2704
其他部门	782	6554	916	633	7073	1230
地方	41 566	264 928	22 482	44 469	288 434	24 544
教育部门	28 492	205 088	19 234	29 362	225 084	21 102
其他部门	11 712	57 142	3114	13 643	60 707	3307
具有法人资格的中外合作办学	23	226	1	41	478	4
地方企业	1339	2472	133	1423	2165	131
民办	7208	69 538	4177	8107	78 803	5162
总计	50 434	365 973	30 210	54 250	402 149	33 640

表6-9　按重点建设项目分普通高校校企共建基地情况

单位：个

高校分类	2021年			2022年		
	学校与企业共建的校内实习、实训、实践基地数	学校与企业共建的校外实习、实训、实践基地数	学校与企业共建的创新创业基地数	学校与企业共建的校内实习、实训、实践基地数	学校与企业共建的校外实习、实训、实践基地数	学校与企业共建的创新创业基地数
"双一流"建设普通本科院校	1785	40 633	5127	1992	46 320	5769
其他普通本科院校	13 251	176 232	17 114	11 864	194 415	18 970
"双高"建设高职院校	12 809	47 669	3001	13 449	50 099	3114
其他高职专科院校	22 022	97 307	4846	26 073	107 462	5250
其他高职本科院校	567	4132	122	872	3853	537
总计	50 434	365 973	30 210	54 250	402 149	33 640

表6-10 不同地区普通高校校企共建基地情况

单位：个

地区	2021年			2022年		
	学校与企业共建的校内实习、实训、实践基地数	学校与企业共建的校外实习、实训、实践基地数	学校与企业共建的创新创业基地数	学校与企业共建的校内实习、实训、实践基地数	学校与企业共建的校外实习、实训、实践基地数	学校与企业共建的创新创业基地数
北 京	991	9155	914	1069	10 483	1005
天 津	787	6743	518	1220	6481	536
河 北	2436	15 705	888	2494	15 493	986
山 西	743	6718	291	818	7170	437
内蒙古	551	3580	125	577	4327	211
辽 宁	2118	14 193	1105	1796	13 584	1002
吉 林	769	8095	774	817	9039	555
黑龙江	841	8146	413	1249	7709	374
上 海	1402	11 129	1007	1478	12 681	1130
江 苏	5628	35 544	4203	6563	41 900	4722
浙 江	2421	23 874	2598	2538	26 880	3027
安 徽	2063	13 849	1006	2481	15 783	1057
福 建	1644	14 402	1800	2050	16 103	1728
江 西	2315	12 589	566	1999	13 006	699
山 东	4824	25 194	2073	5153	26 523	2460
河 南	3294	15 535	1259	3217	18 146	1548
湖 北	1864	16 550	1264	1810	20 229	1236
湖 南	2271	14 131	1337	2952	16 433	1550
广 东	2501	34 028	2200	2361	35 412	2436
广 西	1426	10 504	1276	1224	11 967	1586
海 南	919	2441	95	378	2267	132
重 庆	1475	10 865	561	1883	10 902	517
四 川	1816	18 240	2072	2518	18 485	2173
贵 州	717	5145	298	581	6417	376
云 南	511	5312	181	1077	8706	622
西 藏	9	100	3	14	9	1

地区	2021年			2022年		
	学校与企业共建的校内实习、实训、实践基地数	学校与企业共建的校外实习、实训、实践基地数	学校与企业共建的创新创业基地数	学校与企业共建的校内实习、实训、实践基地数	学校与企业共建的校外实习、实训、实践基地数	学校与企业共建的创新创业基地数
陕　西	1771	12 413	870	1548	13 417	973
甘　肃	983	5124	226	1204	5616	209
青　海	207	869	23	336	1031	29
宁　夏	215	1055	161	266	987	142
新　疆	922	4745	103	579	4963	181
总　计	50 434	365 973	30 210	54 250	402 149	33 640

3.校企合作教学情况

表6-11　不同类型普通高校校企合作教学情况

高校类型	2021年		2022年	
	学校与企业合作编写教材数（册）	学校与企业合作开发课程数（门）	学校与企业合作编写教材数（册）	学校与企业合作开发课程数（门）
综合大学	14 556	27 881	14 312	38 481
理工院校	16 126	46 669	13 961	55 513
农业院校	1124	4796	670	5085
林业院校	600	1010	144	1786
医药院校	1092	2857	690	4074
师范院校	339	4044	478	3471
语文院校	120	677	94	1152
财经院校	2554	6846	1453	10 475
政法院校	179	330	172	661
体育院校	80	344	32	322
艺术院校	269	1220	317	1720
民族院校	23	181	30	188
总计	37 062	96 855	32 353	122 928

表6-12　不同规格普通高校校企合作教学情况

高校规格	2021年		2022年	
	学校与企业合作编写教材数（册）	学校与企业合作开发课程数（门）	学校与企业合作编写教材数（册）	学校与企业合作开发课程数（门）
本科	4022	29 373	7031	36 420
其中：独立学院	71	1993	72	1981
专科	33 040	67 482	25 322	86 508
总计	37 062	96 855	32 353	122 928

表6-13　不同隶属普通高校校企合作教学情况

高校隶属	2021年		2022年	
	学校与企业合作编写教材数（册）	学校与企业合作开发课程数（门）	学校与企业合作编写教材数（册）	学校与企业合作开发课程数（门）
中央	519	3460	506	3236
教育部	192	2334	242	2272
其他部门	327	1126	264	964
地方	33 788	80 880	29 211	104 349
教育部门	25 125	57 137	19 448	71 542
其他部门	8293	22 205	5753	31 386
具有法人资格的中外合作办学	0	17	3	16
地方企业	370	1521	4007	1405
民办	2755	12 515	2636	15 343
总计	37 062	96 855	32 353	122 928

表6-14   按重点建设项目分普通高校校企合作教学情况

高校分类	2021年		2022年	
	学校与企业合作编写教材数（册）	学校与企业合作开发课程数（门）	学校与企业合作编写教材数（册）	学校与企业合作开发课程数（门）
"双一流"建设普通本科院校	325	4288	458	4054
其他普通本科院校	2262	22 495	5525	30 260
"双高"建设高职院校	13 553	32 196	7467	38 974
其他高职专科院校	20 407	36 651	18 585	48 812
其他高职本科院校	515	1225	318	828
总计	37 062	96 855	32 353	122 928

表6-15   不同地区普通高校校企合作教学情况

地区	2021年		2022年	
	学校与企业合作编写教材数（册）	学校与企业合作开发课程数（门）	学校与企业合作编写教材数（册）	学校与企业合作开发课程数（门）
北京	268	1475	326	2329
天津	349	1526	311	2185
河北	1562	5398	1247	5858
山西	258	796	167	1188
内蒙古	6296	1094	5359	1933
辽宁	671	4130	431	4838
吉林	347	1582	439	1746
黑龙江	541	2078	282	2238
上海	349	2093	253	2536
江苏	4315	10 763	2295	13 086
浙江	3673	8989	2332	11 111
安徽	428	2414	458	3532
福建	1235	4066	656	4571
江西	712	1764	3540	1934
山东	2628	10 436	2197	11 889
河南	3029	6462	4898	4970

地区	2021年		2022年	
	学校与企业合作编写教材数（册）	学校与企业合作开发课程数（门）	学校与企业合作编写教材数（册）	学校与企业合作开发课程数（门）
湖　北	1348	4231	812	4299
湖　南	1883	4881	1220	9111
广　东	1991	7092	1702	9841
广　西	525	2480	462	3952
海　南	158	281	61	724
重　庆	1494	4515	599	5807
四　川	1163	2909	820	4386
贵　州	638	774	587	1533
云　南	222	806	175	1809
西　藏	0	3	0	0
陕　西	538	2492	388	3195
甘　肃	140	400	170	437
青　海	23	49	12	69
宁　夏	58	210	79	283
新　疆	220	666	75	1538
总　计	37 062	96 855	32 353	122 928

4.创新创业教育情况

表6-16　不同类型普通高校创新创业教育情况

高校类型	2021年			2022年		
	学校开设的创业课程数（门）	在校生创业项目数（正式立项或注册）（项）	国家级大学生创新创业训练计划立项项目数（项）	学校开设的创业课程数（门）	在校生创业项目数（正式立项或注册）（项）	国家级大学生创新创业训练计划立项项目数（项）
综合大学	14 022	26 522	11 746	14 813	36 974	12 768
理工院校	14 748	46 884	13 305	14 691	48 751	16 172
农业院校	1513	13 843	2186	1498	11 861	1950
林业院校	502	418	576	435	433	485

续表

高校类型	2021年			2022年		
	学校开设的创业课程数（门）	在校生创业项目数（正式立项或注册）（项）	国家级大学生创新创业训练计划立项项目数（项）	学校开设的创业课程数（门）	在校生创业项目数（正式立项或注册）（项）	国家级大学生创新创业训练计划立项项目数（项）
医药院校	2212	4225	2814	1767	8511	3123
师范院校	3050	8367	5048	3042	10 901	5369
语文院校	744	1008	775	531	2280	792
财经院校	3904	7549	2860	4387	11 061	3312
政法院校	468	464	562	486	852	574
体育院校	131	862	248	128	973	179
艺术院校	702	2166	585	636	2021	696
民族院校	315	1895	523	372	1132	663
总计	42 311	114 203	41 228	42 786	135 750	46 083

表6-17 不同规格普通高校创新创业教育情况

高校规格	2021年			2022年		
	学校开设的创业课程数（门）	在校生创业项目数（正式立项或注册）（项）	国家级大学生创新创业训练计划立项项目数（项）	学校开设的创业课程数（门）	在校生创业项目数（正式立项或注册）（项）	国家级大学生创新创业训练计划立项项目数（项）
本科	32 930	82 670	40 782	33 833	101 166	45 789
其中：独立学院	1001	2548	809	1269	3094	719
专科	9381	31 533	446	8953	34 584	294
总计	42 311	114 203	41 228	42 786	135 750	46 083

表6-18 不同隶属普通高校创新创业教育情况

高校隶属	2021年			2022年		
	学校开设的创业课程数（门）	在校生创业项目数（正式立项或注册）（项）	国家级大学生创新创业训练计划立项项目数（项）	学校开设的创业课程数（门）	在校生创业项目数（正式立项或注册）（项）	国家级大学生创新创业训练计划立项项目数（项）
中央	10 470	10 992	11 624	10 734	13 704	13 700
教育部	9422	7910	9283	9833	7928	11 232
其他部门	1048	3082	2341	901	5776	2468
地方	26 229	86 027	25 536	25 623	97 647	27 843
教育部门	21 969	72 428	23 619	21 063	82 008	25 461
其他部门	3965	10 705	1852	4260	12 462	2323
具有法人资格的中外合作办学	32	131	54	51	213	50
地方企业	263	2763	11	249	2964	9
民办	5612	17 184	4068	6429	24 399	4540
总计	42 311	114 203	41 228	42 786	135 750	46 083

表6-19 按重点建设项目分普通高校创新创业教育情况

高校分类	2021年			2022年		
	学校开设的创业课程数（门）	在校生创业项目数（正式立项或注册）（项）	国家级大学生创新创业训练计划立项项目数（项）	学校开设的创业课程数（门）	在校生创业项目数（正式立项或注册）（项）	国家级大学生创新创业训练计划立项项目数（项）
"双一流"建设普通本科院校	12 439	24 131	14 091	12 641	23 687	16 883
其他普通本科院校	20 181	57 957	26 613	20 912	76 793	28 835
"双高"建设高职院校	3765	13 197	104	2883	14 908	127
其他高职专科院校	5764	18 469	366	6189	19 815	201
其他高职本科院校	162	449	54	161	547	37
总计	42 311	114 203	41 228	42 786	135 750	46 083

表6-20 不同地区普通高校创新创业教育情况

地区	2021年			2022年		
	学校开设的创业课程数（门）	在校生创业项目数（正式立项或注册）（项）	国家级大学生创新创业训练计划立项项目数（项）	学校开设的创业课程数（门）	在校生创业项目数（正式立项或注册）（项）	国家级大学生创新创业训练计划立项项目数（项）
北　京	1414	2979	2776	1295	4278	3615
天　津	614	2566	773	741	2729	850
河　北	1277	3009	763	1293	3295	714
山　西	535	1044	382	557	1334	400
内蒙古	358	683	186	317	1088	184
辽　宁	1964	4126	2466	1904	4768	3385
吉　林	676	2137	1815	971	2174	2024
黑龙江	1212	2836	1365	913	2406	1299
上　海	1240	2158	1954	1340	2339	2030
江　苏	3591	5372	2548	4132	5690	3286
浙　江	2807	8148	2687	2955	8439	2717
安　徽	1104	2485	3524	1088	2799	3435
福　建	2432	5125	1061	2341	4618	1078
江　西	1094	2938	954	904	3188	1088
山　东	2238	8155	2009	2317	16 524	1823
河　南	1238	7182	893	898	4530	744
湖　北	2130	3289	1534	1798	3540	1918
湖　南	946	4404	1485	931	4865	1828
广　东	2930	11 160	1540	2562	12 973	2057
广　西	795	2235	1473	847	6857	1887
海　南	125	430	311	201	597	398
重　庆	485	3816	724	739	6196	494
四　川	6609	18 352	2645	7230	17 700	2642
贵　州	479	1692	645	600	2691	1204
云　南	545	1936	457	697	3224	714
西　藏	9	54	56	10	18	40
陕　西	1515	2407	2756	1439	2961	2671

地区	2021年			2022年		
	学校开设的创业课程数（门）	在校生创业项目数（正式立项或注册）（项）	国家级大学生创新创业训练计划立项项目数（项）	学校开设的创业课程数（门）	在校生创业项目数（正式立项或注册）（项）	国家级大学生创新创业训练计划立项项目数（项）
甘　肃	697	1549	832	387	1886	892
青　海	81	523	7	234	574	19
宁　夏	923	475	139	884	463	129
新　疆	248	938	468	261	1006	518
总　计	42 311	114 203	41 228	42 786	135 750	46 083

5.企业设立奖学金情况

表6-21　不同类型普通高校企业设立奖学金情况

单位：亿元

高校类型	企业为学生设立的奖学金金额	
	2021年	2022年
综合大学	5.95	6.00
理工院校	4.44	4.39
农业院校	0.55	0.46
林业院校	0.07	0.08
医药院校	0.92	0.77
师范院校	0.88	0.78
语文院校	0.06	0.09
财经院校	0.73	0.90
政法院校	0.16	0.10
体育院校	0.03	0.02
艺术院校	0.11	0.14
民族院校	0.06	0.19
总　计	13.97	13.91

注：“企业为学生设立的奖学金金额”列数值均为四舍五入后数值，故所列各类型院校金额相加之后可能不等于总计金额。下同。

表6-22　不同规格普通高校企业设立奖学金情况

单位：亿元

高校规格	企业为学生设立的奖学金金额	
	2021年	2022年
本科	12.42	12.31
其中： 独立学院	0.12	0.11
专科	1.55	1.60
总计	13.97	13.91

表6-23　不同隶属普通高校企业设立奖学金情况

单位：亿元

高校隶属	企业为学生设立的奖学金金额	
	2021年	2022年
中央	4.74	4.77
教育部	4.30	4.08
其他部门	0.44	0.69
地方	8.30	8.27
教育部门	7.12	7.54
其他部门	0.60	0.57
具有法人资格的中外合作办学	0.54	0.13
地方企业	0.03	0.03
民办	0.92	0.88
总计	13.97	13.91

表6-24 按重点建设项目分普通高校企业设立奖学金情况

单位：亿元

高校分类	企业为学生设立的奖学金金额	
	2021年	2022年
"双一流"建设普通本科院校	5.97	6.52
其他普通本科院校	6.40	5.70
"双高"建设高职院校	0.41	0.46
其他高职专科院校	1.15	1.15
其他高职本科院校	0.04	0.08
总计	13.97	13.91

表6-25 不同地区普通高校企业设立奖学金情况

单位：亿元

地区	企业为学生设立的奖学金金额	
	2021年	2022年
北 京	0.91	1.05
天 津	0.16	0.18
河 北	0.14	0.09
山 西	0.05	0.08
内蒙古	0.09	0.06
辽 宁	0.39	0.37
吉 林	0.23	0.16
黑龙江	0.18	0.14
上 海	1.52	1.37
江 苏	1.31	1.36
浙 江	0.77	0.86
安 徽	0.44	0.39
福 建	0.33	0.35
江 西	0.33	0.40
山 东	0.52	0.55
河 南	0.58	0.45

续表

地区	企业为学生设立的奖学金金额	
	2021年	2022年
湖　北	1.49	0.83
湖　南	0.75	0.85
广　东	1.79	1.63
广　西	0.11	0.12
海　南	0.02	0.04
重　庆	0.25	0.13
四　川	0.43	0.52
贵　州	0.29	0.26
云　南	0.05	0.16
西　藏	0.00	0.01
陕　西	0.43	0.55
甘　肃	0.08	0.08
青　海	0.07	0.02
宁　夏	0.17	0.79
新　疆	0.06	0.05
总　计	13.97	13.91

（二）师资队伍与社会服务

1.专任教师企业实践情况

表6-26　不同类型普通高校专任教师企业实践情况

单位：人

高校类型	2021年		2022年	
	具有累计2年以上企业工作经验的专任教师数	学校派去企业实践锻炼累计3个月及以上的专任教师数	具有累计2年以上企业工作经验的专任教师数	学校派去企业实践锻炼累计3个月及以上的专任教师数
综合大学	71 854	39 856	86 061	45 652
理工院校	119 278	55 357	136 211	65 920
农业院校	9110	5417	10 466	5944
林业院校	2441	1549	2807	2449

高校类型	2021年		2022年	
	具有累计2年以上企业工作经验的专任教师数	学校派去企业实践锻炼累计3个月及以上的专任教师数	具有累计2年以上企业工作经验的专任教师数	学校派去企业实践锻炼累计3个月及以上的专任教师数
医药院校	12 116	4862	15 185	7402
师范院校	10 602	7203	12 239	6801
语文院校	3194	1669	4313	2123
财经院校	24 746	10 795	27 755	12 344
政法院校	1343	611	1932	1142
体育院校	623	245	708	297
艺术院校	5309	2469	7330	2824
民族院校	1201	348	1331	389
总计	261 817	130 381	306 338	153 287

表6-27 不同规格普通高校专任教师企业实践情况

单位：人

高校规格	2021年		2022年	
	具有累计2年以上企业工作经验的专任教师数	学校派去企业实践锻炼累计3个月及以上的专任教师数	具有累计2年以上企业工作经验的专任教师数	学校派去企业实践锻炼累计3个月及以上的专任教师数
本科	136 548	51 715	152 614	60 180
其中： 独立学院	6403	1584	6557	1608
专科	125 269	78 666	153 724	93 107
总计	261 817	130 381	306 338	153 287

表6-28　不同隶属普通高校专任教师企业实践情况

单位：人

高校隶属	2021年		2022年	
	具有累计2年以上企业工作经验的专任教师数	学校派去企业实践锻炼累计3个月及以上的专任教师数	具有累计2年以上企业工作经验的专任教师数	学校派去企业实践锻炼累计3个月及以上的专任教师数
中央	13 678	3751	15 924	5826
教育部	9480	3168	11 632	5160
其他部门	4198	583	4292	666
地方	174 407	96 717	204 004	112 214
教育部门	123 374	65 682	145 045	77 069
其他部门	46 426	29 557	54 050	33 701
具有法人资格的中外合作办学	555	0	570	54
地方企业	4052	1478	4339	1390
民办	73 732	29 913	86 410	35 247
总计	261 817	130 381	306 338	153 287

表6-29　按重点建设项目分普通高校专任教师企业实践情况

单位：人

高校分类	2021年		2022年	
	具有累计2年以上企业工作经验的专任教师数	学校派去企业实践锻炼累计3个月及以上的专任教师数	具有累计2年以上企业工作经验的专任教师数	学校派去企业实践锻炼累计3个月及以上的专任教师数
"双一流"建设普通本科院校	16 164	4968	19 708	7304
其他普通本科院校	111 308	42 736	121 184	48 905
"双高"建设高职院校	38 201	23 145	45 365	26 218
其他高职专科院校	88 532	56 304	110 095	67 440
其他高职本科院校	7612	3228	9986	3420
总计	261 817	130 381	306 338	153 287

表6-30 不同地区普通高校专任教师企业实践情况

单位：人

地区	2021年		2022年	
	具有累计2年以上企业工作经验的专任教师数	学校派去企业实践锻炼累计3个月及以上的专任教师数	具有累计2年以上企业工作经验的专任教师数	学校派去企业实践锻炼累计3个月及以上的专任教师数
北　京	5072	1055	6373	1320
天　津	4277	2153	4489	2309
河　北	12 411	5639	12 739	6665
山　西	3204	2159	3690	1855
内蒙古	2683	1467	2848	1496
辽　宁	9109	3325	10 234	2764
吉　林	5743	1794	4904	1483
黑龙江	6229	2976	9030	3233
上　海	7090	2775	7770	2351
江　苏	18 463	7707	21 436	9820
浙　江	14 859	6090	16 433	6607
安　徽	9228	5426	11 504	7379
福　建	9388	6702	11 519	8801
江　西	12 320	3200	11 331	3908
山　东	18 696	17 368	23 096	20 879
河　南	10 360	7060	14 161	7649
湖　北	11 480	4641	13 227	7393
湖　南	14 425	6974	18 578	9050
广　东	27 076	9032	28 791	10 283
广　西	9951	3114	12 764	4908
海　南	2728	888	2785	698
重　庆	9329	5628	10 389	5667
四　川	13 534	7440	17 558	8094
贵　州	5547	4826	7884	5714
云　南	3829	1801	5989	1437
西　藏	5	34	11	38
陕　西	7935	3711	9021	5811

续表

地区	2021年		2022年	
	具有累计2年以上企业工作经验的专任教师数	学校派去企业实践锻炼累计3个月及以上的专任教师数	具有累计2年以上企业工作经验的专任教师数	学校派去企业实践锻炼累计3个月及以上的专任教师数
甘 肃	2454	2363	3034	2166
青 海	615	297	449	448
宁 夏	1293	835	1344	986
新 疆	2484	1901	2957	2075
总 计	261 817	130 381	306 338	153 287

2.校聘兼职教师情况

表6-31 不同类型普通高校校聘兼职教师情况

高校类型	2021年				2022年			
	学校拥有外聘兼职教师（校聘）总数（人）	其中：来自企业、行业的教师比例（%）	其中：来自境外的教师比例（%）	企业、行业外聘兼职教师授课的课时总数（万课时）	学校拥有外聘兼职教师（校聘）总数（人）	其中：来自企业、行业的教师比例（%）	其中：来自境外的教师比例（%）	企业、行业外聘兼职教师授课的课时总数（万课时）
综合大学	133 779	57.84	3.61	676.70	157 889	59.74	2.79	772.86
理工院校	193 548	63.35	2.63	1113.15	230 867	63.15	2.56	1379.52
农业院校	19 628	60.05	2.07	95.31	20 188	65.30	1.62	100.57
林业院校	4729	63.21	3.74	19.53	5061	58.41	2.00	29.39
医药院校	51 546	70.67	0.91	126.88	60 788	68.01	0.56	180.22
师范院校	36 243	42.08	4.29	96.35	37 031	45.75	3.75	109.77
语文院校	6622	41.77	8.95	24.91	8209	43.94	7.22	30.47
财经院校	44 655	51.90	2.81	187.16	56 510	49.31	2.17	246.88
政法院校	5327	72.10	1.31	19.64	5440	76.60	2.39	28.11
体育院校	2211	44.01	1.45	13.80	2465	52.94	1.34	14.93
艺术院校	11 932	50.07	2.18	89.13	13 715	51.05	2.60	106.83
民族院校	2876	30.81	2.36	10.04	3291	30.05	1.88	11.42
总计	513 096	59.26	2.89	2472.62	601 454	59.77	2.47	3010.97

注："企业、行业外聘兼职教师授课的课时总数"的统计均为四舍五入后数值，所列各类型院校课时相加后可能不等于总计课时。下同。

表6-32　不同规格普通高校校聘兼职教师情况

高校规格	2021年				2022年			
	学校拥有外聘兼职教师（校聘）总数（人）	其中：来自企业、行业的教师比例（％）	其中：来自境外的教师比例（％）	企业、行业外聘兼职教师授课的课时总数（万课时）	学校拥有外聘兼职教师（校聘）总数（人）	其中：来自企业、行业的教师比例（％）	其中：来自境外的教师比例（％）	企业、行业外聘兼职教师授课的课时总数（万课时）
本科	294 568	45.38	4.72	542.63	333 362	47.13	4.11	622.06
其中：独立学院	28 411	24.84	0.82	50.29	27 365	29.23	0.66	47.50
专科	218 528	77.97	0.41	1929.99	268 092	75.48	0.44	2388.90
总计	513 096	59.26	2.89	2472.62	601 454	59.77	2.47	3010.97

表6-33　不同隶属普通高校校聘兼职教师情况

高校隶属	2021年				2022年			
	学校拥有外聘兼职教师（校聘）总数（人）	其中：来自企业、行业的教师比例（％）	其中：来自境外的教师比例（％）	企业、行业外聘兼职教师授课的课时总数（万课时）	学校拥有外聘兼职教师（校聘）总数（人）	其中：来自企业、行业的教师比例（％）	其中：来自境外的教师比例（％）	企业、行业外聘兼职教师授课的课时总数（万课时）
中央	29 389	45.05	16.08	32.04	31 411	45.90	14.64	45.32
教育部	21 746	48.73	16.61	9.50	22 920	47.98	15.02	16.17
其他部门	7643	34.61	14.56	22.55	8491	40.28	13.61	29.16
地方	362 697	66.55	2.49	2013.36	426 451	66.41	2.20	2377.39
教育部门	262 491	62.50	3.18	1240.51	308 945	61.99	2.79	1466.63
其他部门	93 709	76.64	0.61	710.63	107 523	77.72	0.50	827.74
具有法人资格的中外合作办学	275	64.00	40.00	0.16	867	23.53	25.14	0.94
地方企业	6222	85.66	0.14	62.05	9116	87.04	0.15	82.08
民办	121 010	40.86	0.87	427.22	143 592	43.06	0.61	588.25
总计	513 096	59.26	2.89	2472.62	601 454	59.77	2.47	3010.97

表6-34 按重点建设项目分普通高校校聘兼职教师情况

高校分类	2021年				2022年			
	学校拥有外聘兼职教师（校聘）总数（人）	其中：来自企业、行业的教师比例（%）	其中：来自境外的教师比例（%）	企业、行业外聘兼职教师授课的课时总数（万课时）	学校拥有外聘兼职教师（校聘）总数（人）	其中：来自企业、行业的教师比例（%）	其中：来自境外的教师比例（%）	企业、行业外聘兼职教师授课的课时总数（万课时）
"双一流"建设普通本科院校	39 970	41.48	15.37	28.05	46 923	46.61	12.42	37.41
其他普通本科院校	245 767	44.89	3.13	458.03	275 151	46.08	2.83	511.04
"双高"建设高职院校	69 908	83.60	0.68	624.37	82 328	82.08	0.71	752.45
其他高职专科院校	150 366	75.41	0.30	1318.10	187 343	72.68	0.33	1646.71
其他高职本科院校	7085	75.17	0.95	44.06	9709	73.03	0.49	63.35
总计	513 096	59.26	2.89	2472.62	601 454	59.77	2.47	3010.97

表6-35 不同地区普通高校校聘兼职教师情况

地区	2021年				2022年			
	学校拥有外聘兼职教师（校聘）总数（人）	其中：来自企业、行业的教师比例（%）	其中：来自境外的教师比例（%）	企业、行业外聘兼职教师授课的课时总数（万课时）	学校拥有外聘兼职教师（校聘）总数（人）	其中：来自企业、行业的教师比例（%）	其中：来自境外的教师比例（%）	企业、行业外聘兼职教师授课的课时总数（万课时）
北京	8572	42.58	12.34	17.74	8899	45.24	10.80	33.89
天津	10 493	53.11	2.90	55.53	12 818	64.03	2.78	65.03
河北	19 604	59.48	1.10	105.69	21 430	58.92	1.82	107.69
山西	7298	58.17	1.10	34.51	11 262	63.46	0.45	39.11
内蒙古	6453	61.75	0.77	40.44	5821	66.96	0.89	48.50
辽宁	15 217	60.40	3.53	57.89	15 745	60.67	4.81	59.37

地区	2021年				2022年			
	学校拥有外聘兼职教师（校聘）总数（人）	其中：来自企业、行业的教师比例（%）	其中：来自境外的教师比例（%）	企业、行业外聘兼职教师授课的课时总数（万课时）	学校拥有外聘兼职教师（校聘）总数（人）	其中：来自企业、行业的教师比例（%）	其中：来自境外的教师比例（%）	企业、行业外聘兼职教师授课的课时总数（万课时）
吉　林	10 970	55.52	4.72	43.25	12 104	56.10	3.79	58.32
黑龙江	11 426	57.59	2.14	43.05	13 745	56.11	1.81	86.39
上　海	15 244	45.36	8.81	39.00	15 440	45.29	6.87	39.29
江　苏	52 435	66.84	2.76	307.38	60 927	64.14	1.85	315.55
浙　江	30 759	64.81	4.90	123.41	30 499	63.25	4.28	120.81
安　徽	21 321	49.22	1.12	81.80	23 394	52.48	0.95	105.10
福　建	24 294	47.28	3.56	89.52	28 394	49.15	3.67	91.74
江　西	15 240	56.36	3.16	60.58	19 333	54.31	4.15	100.31
山　东	31 818	68.89	2.45	190.09	37 641	67.31	2.81	224.15
河　南	23 094	59.19	2.74	150.26	32 641	51.97	1.36	168.48
湖　北	21 376	61.65	2.18	99.21	28 196	63.93	1.78	159.84
湖　南	24 985	62.70	2.22	97.47	26 709	72.99	2.00	131.53
广　东	41 571	67.66	1.53	284.93	46 152	67.26	1.43	296.21
广　西	19 647	55.50	1.08	83.18	25 087	67.43	0.64	105.72
海　南	3578	70.71	2.54	15.71	4551	69.39	2.57	23.80
重　庆	17 536	63.15	1.58	70.12	20 668	56.59	1.69	85.98
四　川	25 285	55.39	2.24	125.05	30 511	56.33	1.81	157.35
贵　州	9467	55.27	0.91	47.26	12 794	61.37	0.79	100.33
云　南	12 274	47.82	1.69	50.44	19 888	47.09	1.15	107.92
西　藏	249	55.02	0.40	1.17	94	74.47	0.00	0.49
陕　西	17 067	57.73	7.32	59.81	19 528	59.05	5.91	61.06
甘　肃	6479	54.07	2.19	47.11	7020	40.06	1.87	40.45
青　海	610	73.28	0.66	3.47	548	84.67	0.91	4.66
宁　夏	1928	44.66	0.99	12.71	2675	36.30	1.20	14.97
新　疆	6806	53.51	0.12	34.83	6940	65.23	0.20	56.92
总　计	513 096	59.26	2.89	2472.62	601 454	59.77	2.47	3010.97

3.高校服务企业情况

表6-36　不同类型普通高校服务企业情况

单位：人次

高校类型	2021年				2022年			
	专任教师参与企业技术咨询和技术服务的数量	高校承接企业员工培训数	其中：为第二产业培训企业员工数	其中：为第三产业培训企业员工数	专任教师参与企业技术咨询和技术服务的数量	高校承接企业员工培训数	其中：为第二产业培训企业员工数	其中：为第三产业培训企业员工数
综合大学	248 859	3 803 064	1 483 043	2 146 623	301 928	6 084 551	1 798 497	3 888 998
理工院校	294 285	7 720 407	3 919 087	3 133 502	317 488	7 404 671	3 981 381	3 070 377
农业院校	109 046	349 558	64 815	115 611	131 893	333 055	56 623	112 211
林业院校	11 001	82 930	17 547	26 870	12 624	33 557	11 255	17 234
医药院校	163 769	546 496	26 937	515 848	166 528	599 213	27 348	546 882
师范院校	37 484	283 793	87 458	193 374	72 631	264 555	44 594	210 904
语文院校	4961	51 924	13 722	37 913	4946	77 320	8605	68 485
财经院校	56 431	1 481 569	165 427	1 314 128	51 291	1 676 967	244 271	1 410 672
政法院校	48 411	89 063	30 673	52 911	39 213	421 026	4426	410 009
体育院校	1098	12 085	44	12 041	1893	41 612	50	40 623
艺术院校	6571	66 059	12 931	53 187	9696	88 103	9918	76 989
民族院校	2788	5005	1189	3225	2303	3440	974	1135
总计	984 704	14 491 953	5 822 873	7 605 233	1 112 434	17 028 070	6 187 942	9 854 519

表6-37　不同规格普通高校服务企业情况

单位：人次

高校规格	2021年				2022年			
	专任教师参与企业技术咨询和技术服务的数量	高校承接企业员工培训数	其中：为第二产业培训企业员工数	其中：为第三产业培训企业员工数	专任教师参与企业技术咨询和技术服务的数量	高校承接企业员工培训数	其中：为第二产业培训企业员工数	其中：为第三产业培训企业员工数
本科	522 818	3 029 451	982 225	1 960 187	605 667	5 221 843	970 412	4 159 850
其中：独立学院	8721	23 366	10 143	12 673	8048	25 198	9889	14 470
专科	461 886	11 462 502	4 840 648	5 645 046	506 767	11 806 227	5 217 530	5 694 669
总计	984 704	14 491 953	5 822 873	7 605 233	1 112 434	17 028 070	6 187 942	9 854 519

表6-38　不同隶属普通高校服务企业情况

单位：人次

高校隶属	2021年				2022年			
	专任教师参与企业技术咨询和技术服务的数量	高校承接企业员工培训数	其中：为第二产业培训企业员工数	其中：为第三产业培训企业员工数	专任教师参与企业技术咨询和技术服务的数量	高校承接企业员工培训数	其中：为第二产业培训企业员工数	其中：为第三产业培训企业员工数
中央	107 274	987 883	165 240	809 652	109 760	840 569	107 368	714 075
教育部	96 841	878 687	118 073	747 667	87 434	763 393	88 312	662 236
其他部门	10 433	109 196	47 167	61 985	22 326	77 176	19 056	51 839
地方	781 435	11 952 118	5 262 265	6 022 643	912 411	14 815 302	5 597 908	8 527 704
教育部门	539 971	6 620 833	2 596 143	3 744 530	662 511	8 839 436	2 828 994	5 582 760
其他部门	234 575	4 581 675	2 119 162	2 156 613	245 168	5 075 986	2 046 720	2 793 955
具有法人资格的中外合作办学	149	1262	721	541	339	16 509	762	15 847
地方企业	6740	748 348	546 239	120 959	4393	883 371	721 432	135 142
民办	95 995	1 551 952	395 368	772 938	90 263	1 372 199	482 666	612 740
总计	984 704	14 491 953	5 822 873	7 605 233	1 112 434	17 028 070	6 187 942	9 854 519

表6-39　按重点建设项目分普通高校服务企业情况

单位：人次

高校分类	2021年				2022年			
	专任教师参与企业技术咨询和技术服务的数量	高校承接企业员工培训数	其中：为第二产业培训企业员工数	其中：为第三产业培训企业员工数	专任教师参与企业技术咨询和技术服务的数量	高校承接企业员工培训数	其中：为第二产业培训企业员工数	其中：为第三产业培训企业员工数
"双一流"建设普通本科院校	135 386	1 104 054	213 225	887 744	142 047	1 065 339	229 827	814 610
其他普通本科院校	382 047	1 567 921	632 023	853 377	456 520	3 738 054	595 265	3 085 870

续表

高校分类	2021年				2022年			
	专任教师参与企业技术咨询和技术服务的数量	高校承接企业员工培训数	其中：为第二产业培训企业员工数	其中：为第三产业培训企业员工数	专任教师参与企业技术咨询和技术服务的数量	高校承接企业员工培训数	其中：为第二产业培训企业员工数	其中：为第三产业培训企业员工数
"双高"建设高职院校	160 054	4 080 151	1 638 203	2 212 801	180 975	4 484 250	2 003 343	2 165 715
其他高职专科院校	302 843	7 453 165	3 251 227	3 453 744	327 097	7 392 633	3 264 337	3 547 651
其他高职本科院校	4374	286 662	88 195	197 567	5795	347 794	95 170	240 673
总计	984 704	14 491 953	5 822 873	7 605 233	1 112 434	17 028 070	6 187 942	9 854 519

表6-40 不同地区普通高校服务企业情况

单位：人次

地区	2021年				2022年			
	专任教师参与企业技术咨询和技术服务的数量	高校承接企业员工培训数	其中：为第二产业培训企业员工数	其中：为第三产业培训企业员工数	专任教师参与企业技术咨询和技术服务的数量	高校承接企业员工培训数	其中：为第二产业培训企业员工数	其中：为第三产业培训企业员工数
北 京	47 458	230 354	71 110	166 857	58 392	154 958	55 893	91 813
天 津	22 615	271 281	85 999	182 450	22 864	270 265	125 636	130 116
河 北	49 032	581 551	278 621	213 697	47 596	880 840	178 821	596 713
山 西	14 128	304 030	135 178	165 855	10 114	220 033	107 236	108 493
内蒙古	11 917	217 100	137 856	60 763	14 390	267 334	142 696	110 135
辽 宁	26 220	168 329	75 211	92 126	18 295	137 626	41 435	89 339
吉 林	13 045	104 760	60 628	33 539	8291	131 480	55 855	75 330
黑龙江	14 166	318 508	207 778	95 018	18 327	364 109	231 976	110 606
上 海	21 017	299 664	91 333	207 374	19 076	321 462	110 176	168 332
江 苏	137 324	1 099 546	345 191	650 945	176 635	1 253 650	494 788	677 189
浙 江	105 337	1 892 282	514 588	1 323 127	96 220	1 997 022	947 343	1 009 335

地区	2021年				2022年			
	专任教师参与企业技术咨询和技术服务的数量	高校承接企业员工培训数	其中：为第二产业培训企业员工数	其中：为第三产业培训企业员工数	专任教师参与企业技术咨询和技术服务的数量	高校承接企业员工培训数	其中：为第二产业培训企业员工数	其中：为第三产业培训企业员工数
安　徽	34 397	363 400	192 375	143 042	30 727	441 528	212 758	186 558
福　建	38 932	1 068 659	190 207	489 943	36 410	738 211	349 517	336 392
江　西	14 189	271 160	193 166	56 436	16 200	298 320	170 050	120 474
山　东	45 635	1 786 780	985 563	680 006	71 258	2 055 841	809 413	933 512
河　南	69 061	706 401	404 856	269 079	38 398	382 478	133 640	210 355
湖　北	35 881	683 931	434 108	232 376	36 100	1 000 492	560 664	406 855
湖　南	33 300	430 142	200 939	215 163	36 540	502 329	274 967	221 078
广　东	36 561	1 047 209	342 111	675 766	85 459	2 796 938	127 533	2 606 811
广　西	13 024	350 181	112 418	225 913	48 995	432 403	186 269	235 117
海　南	1325	106 935	9750	96 342	1559	115 239	17 411	95 867
重　庆	22 658	233 823	125 124	107 372	16 086	313 265	117 119	173 420
四　川	33 358	844 914	175 060	640 247	34 334	819 719	153 038	662 304
贵　州	92 708	173 535	52 120	109 415	107 174	255 367	82 252	169 847
云　南	15 214	134 612	49 076	81 038	18 512	186 132	77 154	98 481
西　藏	339	1132	12	1120	86	425	0	425
陕　西	25 736	474 270	201 971	260 162	21 992	385 475	224 203	149 944
甘　肃	2448	154 426	54 751	63 655	2596	139 056	94 289	33 891
青　海	1994	24 737	17 419	2635	1607	19 957	14 020	873
宁　夏	1325	72 178	45 676	26 383	8486	73 355	62 713	9937
新　疆	4360	76 123	32 678	37 389	9715	72 761	29 077	34 977
总　计	984 704	14 491 953	5 822 873	7 605 233	1 112 434	17 028 070	6 187 942	9 854 519

（三）校企合作开展科研创新

1.校企合作申报纵向科研项目情况

表6-41　不同类型普通高校与企业合作申报纵向科研项目情况

高校类型	2021年			2022年		
	高校与企业合作申报获得纵向科研项目立项数（项）	高校与企业合作申报获得纵向科研项目立项金额（亿元）	高校与企业合作申报获得纵向科研项目的当年实际到账经费（亿元）	高校与企业合作申报获得纵向科研项目立项数（项）	高校与企业合作申报获得纵向科研项目立项金额（亿元）	高校与企业合作申报获得纵向科研项目的当年实际到账经费（亿元）
综合大学	6295	68.64	44.27	7021	88.04	55.24
理工院校	8728	96.38	113.14	11 698	193.36	130.69
农业院校	1375	14.47	6.39	1906	17.05	9.17
林业院校	196	0.53	0.26	105	0.90	0.43
医药院校	795	4.03	2.84	928	8.03	4.79
师范院校	908	6.59	3.87	1192	4.88	2.97
语文院校	79	0.41	0.14	103	0.06	0.05
财经院校	644	1.11	0.71	831	1.15	0.64
政法院校	59	0.61	0.39	52	1.06	0.40
体育院校	23	0.45	0.21	12	0.12	0.05
艺术院校	115	0.13	0.10	103	0.15	0.05
民族院校	53	0.31	0.21	53	0.19	0.15
总计	19 270	193.65	172.53	24 004	314.98	204.63

注："学校与企业合作申报获得纵向科研项目立项金额""学校与企业合作申报获得纵向科研项目的当年实际到账经费"的统计均为四舍五入后数额，所列各类型院校数额相加之后可能不等于总计数额。下同。

表6-42　不同规格普通高校与企业合作申报纵向科研项目情况

高校规格	2021年			2022年		
	高校与企业合作申报获得纵向科研项目立项数（项）	高校与企业合作申报获得纵向科研项目立项金额（亿元）	高校与企业合作申报获得纵向科研项目的当年实际到账经费（亿元）	高校与企业合作申报获得纵向科研项目立项数（项）	高校与企业合作申报获得纵向科研项目立项金额（亿元）	高校与企业合作申报获得纵向科研项目的当年实际到账经费（亿元）
本科	14 304	190.08	116.30	17 340	238.42	145.50
其中：独立学院	241	0.14	0.05	220	0.11	0.06
专科	4966	3.56	56.23	6664	76.56	59.13
总计	19 270	193.65	172.53	24 004	314.98	204.63

表6-43　不同隶属普通高校与企业合作申报纵向科研项目情况

高校隶属	2021年			2022年		
	高校与企业合作申报获得纵向科研项目立项数（项）	高校与企业合作申报获得纵向科研项目立项金额（亿元）	高校与企业合作申报获得纵向科研项目的当年实际到账经费（亿元）	高校与企业合作申报获得纵向科研项目立项数（项）	高校与企业合作申报获得纵向科研项目立项金额（亿元）	高校与企业合作申报获得纵向科研项目的当年实际到账经费（亿元）
中央	4784	126.51	83.93	6013	156.07	101.94
教育部	3872	99.19	63.99	4784	123.39	77.96
其他部门	912	27.32	19.93	1229	32.68	23.97
地方	12 807	66.17	87.93	16 206	157.83	101.96
教育部门	10 548	62.18	85.72	12 817	153.11	99.32
其他部门	2162	3.80	2.09	3212	4.34	2.49
具有法人资格的中外合作办学	18	0.15	0.08	36	0.33	0.13
地方企业	79	0.04	0.03	141	0.05	0.02
民办	1679	0.96	0.68	1785	1.08	0.73
总计	19 270	193.65	172.53	24 004	314.98	204.63

表6-44　按重点建设项目分普通高校与企业合作申报纵向科研项目情况

高校分类	2021年			2022年		
	高校与企业合作申报获得纵向科研项目立项数（项）	高校与企业合作申报获得纵向科研项目立项金额（亿元）	高校与企业合作申报获得纵向科研项目的当年实际到账经费（亿元）	高校与企业合作申报获得纵向科研项目立项数（项）	高校与企业合作申报获得纵向科研项目立项金额（亿元）	高校与企业合作申报获得纵向科研项目的当年实际到账经费（亿元）
"双一流"建设普通本科院校	5756	137.43	90.34	7403	177.97	112.28
其他普通本科院校	8289	52.50	25.81	9713	60.33	33.11
"双高"建设高职院校	1996	1.54	54.88	2290	74.56	57.72
其他高职专科院校	3079	2.06	1.40	4454	2.04	1.45
其他高职本科院校	150	0.11	0.10	144	0.09	0.06
总计	19 270	193.65	172.53	24 004	314.98	204.63

表6-45　不同地区普通高校与企业合作申报纵向科研项目情况

地区	2021年			2022年		
	高校与企业合作申报获得纵向科研项目立项数（项）	高校与企业合作申报获得纵向科研项目立项金额（亿元）	高校与企业合作申报获得纵向科研项目的当年实际到账经费（亿元）	高校与企业合作申报获得纵向科研项目立项数（项）	高校与企业合作申报获得纵向科研项目立项金额（亿元）	高校与企业合作申报获得纵向科研项目的当年实际到账经费（亿元）
北　京	1114	29.70	76.79	1246	107.23	83.05
天　津	337	3.97	1.89	386	3.04	2.27
河　北	701	1.29	1.20	720	1.18	0.97
山　西	195	1.81	0.91	300	4.08	0.79
内蒙古	183	1.57	1.34	268	2.35	1.27
辽　宁	656	4.10	2.64	563	4.99	3.28
吉　林	846	5.14	2.42	810	4.64	1.35
黑龙江	204	5.36	2.56	424	7.12	2.02
上　海	707	18.47	8.72	613	21.66	8.42
江　苏	1982	24.72	10.61	2871	29.65	17.70
浙　江	1337	14.65	7.43	1506	13.12	7.84
安　徽	528	3.13	2.06	1363	4.86	2.79
福　建	809	2.68	1.49	884	3.76	2.16
江　西	318	1.44	0.62	325	1.79	1.04
山　东	1332	10.50	5.76	1739	11.64	6.64
河　南	766	4.76	1.96	1082	3.82	2.54
湖　北	854	11.81	8.29	1033	17.26	10.92
湖　南	850	6.07	9.06	1174	7.79	11.94
广　东	1081	10.16	5.38	1410	15.64	8.91
广　西	333	1.35	1.05	346	2.96	1.03
海　南	119	0.30	0.23	110	0.53	0.35
重　庆	317	2.01	0.89	492	5.23	2.85
四　川	881	3.21	5.11	1148	9.91	7.70
贵　州	490	0.97	0.57	398	1.27	0.78
云　南	174	5.10	1.77	177	4.33	2.12
西　藏	6	0.24	0.13	3	0.65	0.03
陕　西	1541	16.07	10.06	1890	18.55	11.40
甘　肃	221	0.51	0.29	255	0.72	0.54

地区	2021年			2022年		
	高校与企业合作申报获得纵向科研项目立项数（项）	高校与企业合作申报获得纵向科研项目立项金额（亿元）	高校与企业合作申报获得纵向科研项目的当年实际到账经费（亿元）	高校与企业合作申报获得纵向科研项目立项数（项）	高校与企业合作申报获得纵向科研项目立项金额（亿元）	高校与企业合作申报获得纵向科研项目的当年实际到账经费（亿元）
青海	31	0.22	0.15	54	1.31	0.41
宁夏	152	1.10	0.60	124	0.94	0.72
新疆	205	1.22	0.56	290	2.96	0.81
总计	19 270	193.65	172.53	24 004	314.98	204.63

2.校企合作科研成果情况

表6-46 不同类型普通高校校企合作科研成果情况

高校类型	2021年			2022年		
	高校拥有与企业共建研发机构数（包括实验室、研究中心等）（个）	与企业合作发表科技论文数（篇）	与企业合作获得发明专利授权数（项）	高校拥有与企业共建研发机构数（包括实验室、研究中心等）（个）	与企业合作发表科技论文数（篇）	与企业合作获得发明专利授权数（项）
综合大学	7659	18 976	4764	7931	23 431	6774
理工院校	10 686	44 893	8697	11 819	45 609	11 873
农业院校	752	3438	579	766	3474	588
林业院校	258	488	88	247	640	80
医药院校	635	2656	214	833	3020	286
师范院校	1143	1857	770	1330	2481	669
语文院校	45	35	31	43	92	32
财经院校	864	1390	174	952	1676	243
政法院校	68	64	24	72	88	14
体育院校	48	207	6	22	13	0
艺术院校	121	43	20	151	76	37
民族院校	96	256	23	100	165	47
总计	22 375	74 303	15 390	24 266	80 765	20 643

注：高校与企业合作发表的论文、获得的发明专利授权数量来源于学校申报的数据汇总，由于可能存在校校合作的情况，因此汇总数据包括了重复统计的情况，会与知识产权局公布的总数不一致。下同。

表6-47 不同规格普通高校校企合作科研成果情况

高校规格	2021年			2022年		
	高校拥有与企业共建研发机构数（包括实验室、研究中心等）（个）	与企业合作发表科技论文数（篇）	与企业合作获得发明专利授权数（项）	高校拥有与企业共建研发机构数（包括实验室、研究中心等）（个）	与企业合作发表科技论文数（篇）	与企业合作获得发明专利授权数（项）
本科	17 354	64 554	13 592	18 813	70 683	17 826
其中：独立学院	335	211	53	310	221	51
专科	5021	9749	1798	5453	10 082	2817
总计	22 375	74 303	15 390	24 266	80 765	20 643

表6-48 不同隶属普通高校校企合作科研成果情况

高校隶属	2021年			2022年		
	高校拥有与企业共建研发机构数（包括实验室、研究中心等）（个）	与企业合作发表科技论文数（篇）	与企业合作获得发明专利授权数（项）	高校拥有与企业共建研发机构数（包括实验室、研究中心等）（个）	与企业合作发表科技论文数（篇）	与企业合作获得发明专利授权数（项）
中央	4451	27 060	7792	4662	29 876	10 402
教育部	3637	22 317	6987	3841	26 047	9178
其他部门	814	4743	805	821	3829	1224
地方	15 747	44 266	7102	17 482	47 359	9655
教育部门	13 651	39 416	6265	15 065	41 516	8764
其他部门	1946	4551	788	2237	5290	839
具有法人资格的中外合作办学	24	88	8	55	325	10
地方企业	126	211	41	125	228	42
民办	2177	2977	496	2122	3530	586
总计	22 375	74 303	15 390	24 266	80 765	20 643

表6-49　按重点建设项目分普通高校校企合作科研成果情况

高校分类	2021年			2022年		
	高校拥有与企业共建研发机构数（包括实验室、研究中心等）（个）	与企业合作发表科技论文数（篇）	与企业合作获得发明专利授权数（项）	高校拥有与企业共建研发机构数（包括实验室、研究中心等）（个）	与企业合作发表科技论文数（篇）	与企业合作获得发明专利授权数（项）
"双一流"建设普通本科院校	5844	33 450	8594	6333	38 138	11 714
其他普通本科院校	11 235	30 771	4889	12 193	32 037	6020
"双高"建设高职院校	2028	4368	588	2340	3901	1492
其他高职专科院校	3096	5526	1222	3220	6325	1332
其他高职本科院校	172	188	97	180	364	85
总计	22 375	74 303	15 390	24 266	80 765	20 643

表6-50　不同地区普通高校校企合作科研成果情况

地区	2021年			2022年		
	高校拥有与企业共建研发机构数（包括实验室、研究中心等）（个）	与企业合作发表科技论文数（篇）	与企业合作获得发明专利授权数（项）	高校拥有与企业共建研发机构数（包括实验室、研究中心等）（个）	与企业合作发表科技论文数（篇）	与企业合作获得发明专利授权数（项）
北　京	965	7032	2709	890	8620	2446
天　津	367	868	234	388	1033	498
河　北	1088	1426	224	1045	1283	296
山　西	189	554	67	211	573	155
内蒙古	84	399	50	96	600	44
辽　宁	682	2444	479	604	1822	561
吉　林	219	2194	369	295	2309	269
黑龙江	554	2024	236	504	851	454
上　海	850	7102	923	812	8249	1561
江　苏	3790	6384	2076	3982	9297	2722

续表

地区	2021年			2022年		
	高校拥有与企业共建研发机构数（包括实验室、研究中心等）（个）	与企业合作发表科技论文数（篇）	与企业合作获得发明专利授权数（项）	高校拥有与企业共建研发机构数（包括实验室、研究中心等）（个）	与企业合作发表科技论文数（篇）	与企业合作获得发明专利授权数（项）
浙　江	2280	2632	1056	2374	3013	1302
安　徽	564	1387	282	712	1955	316
福　建	726	1841	570	577	1680	573
江　西	402	1053	183	409	1067	297
山　东	1574	4749	863	1905	4754	1585
河　南	937	2174	537	1496	2211	612
湖　北	1277	7369	877	1655	7133	1050
湖　南	946	3323	729	950	3361	640
广　东	1497	3646	804	1478	4317	983
广　西	252	665	132	296	852	296
海　南	72	84	28	42	79	37
重　庆	391	3164	254	436	1969	1349
四　川	1021	5030	627	1236	6310	1357
贵　州	156	903	122	304	951	154
云　南	189	574	117	186	691	100
西　藏	0	37	6	0	5	0
陕　西	852	4099	646	1039	4403	790
甘　肃	270	280	101	171	450	71
青　海	13	103	35	13	49	24
宁　夏	58	142	10	69	212	18
新　疆	110	621	44	91	666	83
总　计	22 375	74 303	15 390	24 266	80 765	20 643

3.参与创新战略联盟情况

表6-51 不同类型普通高校参与创新战略联盟情况

单位：个

高校类型	2021年		2022年	
	高校参与国家产业技术创新战略联盟数	高校参与省级产业技术创新战略联盟数	高校参与国家产业技术创新战略联盟数	高校参与省级产业技术创新战略联盟数
综合大学	299	939	329	574
理工院校	353	1284	354	1331
农业院校	126	278	114	294
林业院校	9	87	24	81
医药院校	19	112	19	137
师范院校	17	123	18	133
语文院校	1	4	1	7
财经院校	10	61	18	65
政法院校	1	4	1	4
体育院校	3	8	3	2
艺术院校	3	16	5	11
民族院校	2	9	4	11
总计	843	2925	890	2650

表6-52 不同规格普通高校参与创新战略联盟情况

单位：个

高校规格	2021年		2022年	
	高校参与国家产业技术创新战略联盟数	高校参与省级产业技术创新战略联盟数	高校参与国家产业技术创新战略联盟数	高校参与省级产业技术创新战略联盟数
本科	694	2562	723	2239
其中：独立学院	9	41	6	32
专科	149	363	167	411
总计	843	2925	890	2650

表6-53　不同隶属普通高校参与创新战略联盟情况

单位：个

高校隶属	2021年		2022年	
	高校参与国家产业技术创新战略联盟数	高校参与省级产业技术创新战略联盟数	高校参与国家产业技术创新战略联盟数	高校参与省级产业技术创新战略联盟数
中央	320	671	344	668
教育部	280	581	318	592
其他部门	40	90	26	76
地方	444	2088	474	1797
教育部门	394	1908	409	1622
其他部门	48	166	62	160
具有法人资格的中外合作办学	0	3	1	2
地方企业	2	11	2	13
民办	79	166	72	185
总计	843	2925	890	2650

表6-54　按重点建设项目分普通高校参与创新战略联盟情况

单位：个

高校分类	2021年		2022年	
	高校参与国家产业技术创新战略联盟数	高校参与省级产业技术创新战略联盟数	高校参与国家产业技术创新战略联盟数	高校参与省级产业技术创新战略联盟数
"双一流"建设普通本科院校	370	789	416	898
其他普通本科院校	323	1767	305	1332
"双高"建设高职院校	58	144	70	177
其他高职专科院校	92	221	98	236
其他高职本科院校	0	4	1	7
总计	843	2925	890	2650

表6-55　不同地区普通高校参与创新战略联盟情况

单位：个

地区	2021年		2022年	
	高校参与国家产业技术创新战略联盟数	高校参与省级产业技术创新战略联盟数	高校参与国家产业技术创新战略联盟数	高校参与省级产业技术创新战略联盟数
北　京	70	139	65	75
天　津	13	107	12	52
河　北	25	88	24	86
山　西	17	431	12	48
内蒙古	3	5	7	4
辽　宁	44	510	44	594
吉　林	13	61	13	66
黑龙江	12	73	6	72
上　海	43	61	42	64
江　苏	76	235	118	302
浙　江	86	106	85	111
安　徽	11	63	14	66
福　建	15	27	15	32
江　西	28	74	30	89
山　东	50	110	57	110
河　南	30	109	36	129
湖　北	24	49	31	57
湖　南	52	77	33	48
广　东	40	149	49	160
广　西	5	19	8	26
海　南	5	16	4	16
重　庆	41	94	43	99
四　川	62	108	63	125
贵　州	3	13	1	14
云　南	12	16	24	38
西　藏	0	0	0	0
陕　西	49	125	45	115

续表

地区	2021年		2022年	
	高校参与国家产业技术创新战略联盟数	高校参与省级产业技术创新战略联盟数	高校参与国家产业技术创新战略联盟数	高校参与省级产业技术创新战略联盟数
甘　肃	7	38	6	32
青　海	1	4	1	5
宁　夏	1	4	1	5
新　疆	5	14	1	10
总　计	843	2925	890	2650

4.企业委托科研项目情况

表6-56　不同类型普通高校承担企业委托科研项目情况

高校类型	2021年					2022年				
	企业委托科研项目数（项）	委托科研项目的企业数（个）	承担企业委托科研项目的专任教师数（人）	企业委托科研项目合同金额（亿元）	企业委托科研项目当年实际收入（亿元）	企业委托科研项目数（项）	委托科研项目的企业数（个）	承担企业委托科研项目的专任教师数（人）	企业委托科研项目合同金额（亿元）	企业委托科研项目当年实际收入（亿元）
综合大学	72 034	53 109	54 045	342.70	210.17	74 237	56 420	55 220	350.89	247.76
理工院校	124 458	88 980	90 699	444.27	327.21	127 403	93 290	96 009	535.88	359.19
农业院校	7696	6344	5512	19.12	14.60	8944	6735	7591	24.86	15.30
林业院校	2069	1672	1439	6.13	4.39	2274	1347	2178	6.13	3.94
医药院校	5782	4035	4372	38.32	15.41	6632	4723	5160	34.00	17.03
师范院校	12 873	11 879	13 288	30.27	21.97	16 784	13 680	16 102	42.10	32.19
语文院校	1411	1209	1296	10.70	3.77	1565	1360	1623	2.63	2.33
财经院校	6793	5596	7525	9.63	6.78	8280	6986	9571	12.36	9.44
政法院校	293	250	361	0.50	0.42	788	651	660	1.23	1.12
体育院校	208	168	168	0.41	0.30	113	100	140	0.27	0.19
艺术院校	1285	941	1413	3.69	3.37	1260	1009	1437	6.10	3.34
民族院校	698	639	634	1.75	1.08	748	615	651	1.74	1.29
总计	235 600	174 822	180 752	907.52	609.49	249 028	186 916	196 342	1018.20	693.11

注：“企业委托科研项目合同金额”“企业委托科研项目当年实际收入”的统计均为四舍五入后数额，所列各类型院校数额相加之后可能不等于总计数额。下同。

表6-57　不同规格普通高校承担企业委托科研项目情况

高校规格	2021年					2022年				
	企业委托科研项目数（项）	委托科研项目的企业数（个）	承担企业委托科研项目的专任教师数（人）	企业委托科研项目合同金额（亿元）	企业委托科研项目当年实际收入（亿元）	企业委托科研项目数（项）	委托科研项目的企业数（个）	承担企业委托科研项目的专任教师数（人）	企业委托科研项目合同金额（亿元）	企业委托科研项目当年实际收入（亿元）
本科	214 734	157 463	149 685	884.20	591.36	226 463	167 773	160 895	991.78	672.55
其中：独立学院	1426	1189	1793	9.48	2.84	1424	1224	1732	1.68	1.29
专科	20 866	17 359	31 067	23.32	18.13	22 565	19 143	35 447	26.42	20.56
总计	235 600	174 822	180 752	907.52	609.49	249 028	186 916	196 342	1018.20	693.11

表6-58　不同隶属普通高校承担企业委托科研项目情况

高校隶属	2021年					2022年				
	企业委托科研项目数（项）	委托科研项目的企业数（个）	承担企业委托科研项目的专任教师数（人）	企业委托科研项目合同金额（亿元）	企业委托科研项目当年实际收入（亿元）	企业委托科研项目数（项）	委托科研项目的企业数（个）	承担企业委托科研项目的专任教师数（人）	企业委托科研项目合同金额（亿元）	企业委托科研项目当年实际收入（亿元）
中央	85 544	58 484	48 190	519.76	342.61	83 389	56 496	47 358	535.91	364.94
教育部	73 653	51 529	42 455	441.95	298.54	71 399	49 586	40 702	459.75	312.66
其他部门	11 891	6955	5735	77.80	44.06	11 990	6910	6656	76.16	52.28
地方	140 634	108 734	119 569	362.81	251.23	154 617	121 542	134 318	460.44	310.20
教育部门	129 255	99 528	104 100	345.04	238.06	140 741	110 261	115 557	436.82	292.84
其他部门	11 090	9010	14 985	16.63	12.64	13 453	11 003	18 261	21.45	16.58
具有法人资格的中外合作办学	113	91	84	0.92	0.36	256	178	158	1.90	0.56
地方企业	176	105	400	0.21	0.18	167	100	342	0.27	0.22
民办	9422	7604	12 993	24.95	15.65	11 022	8878	14 666	21.85	17.97
总计	235 600	174 822	180 752	907.52	609.49	249 028	186 916	196 342	1018.20	693.11

表6-59　按重点建设项目分普通高校承担企业委托科研项目情况

高校分类	2021年					2022年				
	企业委托科研项目数（项）	委托科研项目的企业数（个）	承担企业委托科研项目的专任教师数（人）	企业委托科研项目合同金额（亿元）	企业委托科研项目当年实际收入（亿元）	企业委托科研项目数（项）	委托科研项目的企业数（个）	承担企业委托科研项目的专任教师数（人）	企业委托科研项目合同金额（亿元）	企业委托科研项目当年实际收入（亿元）
"双一流"建设普通本科院校	100 173	68 996	57 716	578.75	383.21	99 563	68 335	59 497	610.09	407.02
其他普通本科院校	113 490	87 537	90 088	304.23	207.17	125 677	98 420	99 881	380.10	264.06
"双高"建设高职院校	10 886	9067	15 951	12.87	10.24	11 677	9894	16 927	15.15	11.72
其他高职专科院校	10 336	8600	15 940	10.82	8.24	11 270	9585	18 961	11.68	9.19
其他高职本科院校	715	622	1057	0.84	0.64	841	682	1076	1.19	1.12
总计	235 600	174 822	180 752	907.52	609.49	249 028	186 916	196 342	1018.20	693.11

表6-60　不同地区普通高校承担企业委托科研项目情况

地区	2021年					2022年				
	企业委托科研项目数（项）	委托科研项目的企业数（个）	承担企业委托科研项目的专任教师数（人）	企业委托科研项目合同金额（亿元）	企业委托科研项目当年实际收入（亿元）	企业委托科研项目数（项）	委托科研项目的企业数（个）	承担企业委托科研项目的专任教师数（人）	企业委托科研项目合同金额（亿元）	企业委托科研项目当年实际收入（亿元）
北　京	17 827	12 476	11 702	102.63	66.97	18 612	11 873	11 253	114.32	76.34
天　津	5829	4371	3694	22.41	15.02	5641	4457	3822	28.47	18.86
河　北	4732	3368	4662	8.95	5.81	4985	3736	3614	12.22	8.70
山　西	3794	2718	2859	7.53	4.73	3804	3015	2804	9.89	6.87
内蒙古	795	669	748	1.56	1.01	602	464	1490	1.50	1.19
辽　宁	8431	6230	5729	35.03	22.83	7446	5474	5647	32.37	20.09
吉　林	2926	2564	3408	10.22	7.26	2884	2068	2938	12.92	7.96
黑龙江	3567	1997	2296	17.12	15.46	4056	2345	3030	24.04	10.06
上　海	15 264	12 495	7912	87.21	52.15	13 352	10 308	7870	79.55	47.34

地区	2021年					2022年				
	企业委托科研项目数（项）	委托科研项目的企业数（个）	承担企业委托科研项目的专任教师数（人）	企业委托科研项目合同金额（亿元）	企业委托科研项目当年实际收入（亿元）	企业委托科研项目数（项）	委托科研项目的企业数（个）	承担企业委托科研项目的专任教师数（人）	企业委托科研项目合同金额（亿元）	企业委托科研项目当年实际收入（亿元）
江　苏	36 753	27 311	26 183	138.66	88.41	40 279	30 615	30 410	164.80	107.87
浙　江	16 411	13 449	11 810	62.54	38.37	17 650	14 187	13 579	59.40	43.22
安　徽	8184	6556	5870	17.81	13.13	9304	7609	6247	24.00	15.57
福　建	6026	4767	6306	15.50	11.11	6191	5212	6862	18.20	20.78
江　西	3362	2742	5072	9.06	7.10	3745	3086	5455	11.08	8.24
山　东	13 124	9314	10 248	50.39	30.71	15 948	11 523	12 670	63.77	40.75
河　南	7408	6061	7757	22.87	14.81	8197	6739	7423	28.87	20.76
湖　北	15 246	11 865	12 334	55.77	39.68	17 268	13 035	13 412	73.45	51.13
湖　南	9499	6240	7735	27.80	23.43	8543	6471	8132	31.82	30.76
广　东	11 777	9442	10 113	36.58	27.73	12 653	10 417	11 501	43.45	30.45
广　西	1803	1489	1966	3.00	1.94	2118	1850	2280	4.46	2.71
海　南	550	352	459	1.24	0.59	578	417	396	1.74	1.15
重　庆	7966	5618	5231	29.82	18.67	7057	5364	5361	27.69	18.49
四　川	11 049	6956	9206	59.16	38.99	12 830	9482	10 257	57.78	40.06
贵　州	1184	1039	1306	2.44	1.25	1257	1063	1520	2.67	1.68
云　南	946	731	701	3.68	2.27	1343	986	1237	4.46	3.39
西　藏	11	5	4	0.01	0.01	6	5	9	0.02	0.01
陕　西	18 028	11 475	12 438	70.83	55.94	19 946	12 864	14 004	78.14	54.28
甘　肃	2085	1634	1953	6.00	2.89	1645	1330	1912	4.70	2.82
青　海	44	30	33	0.09	0.07	56	40	70	0.10	0.10
宁　夏	169	150	186	0.36	0.27	220	174	202	0.63	0.39
新　疆	810	708	831	1.24	0.87	812	707	935	1.72	1.07
总　计	235 600	174 822	180 752	907.52	609.49	249 028	186 916	196 342	1018.20	693.11

（四）创新技术转移与成果转化

1.高校设置专门技术转化机构及网站情况

表6-61　不同类型普通高校设置专门技术转化机构及网站情况

高校类型	2021年				2022年			
	机构数（个）	专职工作人员数（人）	兼职工作人员数（人）	学校设置专门技术转化网站数（个）	机构数（个）	专职工作人员数（人）	兼职工作人员数（人）	学校设置专门技术转化网站数（个）
综合大学	626	2534	5001	335	676	2995	5117	321
理工院校	932	4334	10 199	433	1147	4916	8558	476
农业院校	130	431	681	52	88	440	673	91
林业院校	13	40	119	7	13	47	105	7
医药院校	197	388	570	78	135	472	1002	68
师范院校	173	527	903	119	176	553	1389	88
语文院校	16	54	37	12	19	60	90	15
财经院校	138	319	656	55	141	339	656	63
政法院校	13	81	135	2	10	44	101	2
体育院校	11	21	15	4	8	12	16	3
艺术院校	26	140	227	10	46	226	233	15
民族院校	12	35	48	4	14	38	54	4
总计	2287	8904	18 591	1111	2473	10 142	17 994	1153

表6-62　不同规格普通高校设置专门技术转化机构及网站情况

高校规格	2021年				2022年			
	机构数（个）	专职工作人员数（人）	兼职工作人员数（人）	学校设置专门技术转化网站数（个）	机构数（个）	专职工作人员数（人）	兼职工作人员数（人）	学校设置专门技术转化网站数（个）
本科	1596	6783	15 146	836	1714	7475	13 518	858
其中：独立学院	68	138	316	31	57	127	276	29
专科	691	2121	3445	275	759	2667	4476	295
总计	2287	8904	18 591	1111	2473	10 142	17 994	1153

表6-63 不同隶属普通高校设置专门技术转化机构及网站情况

高校隶属	2021年				2022年			
	机构数（个）	专职工作人员数（人）	兼职工作人员数（人）	学校设置专门技术转化网站数（个）	机构数（个）	专职工作人员数（人）	兼职工作人员数（人）	学校设置专门技术转化网站数（个）
中央	266	1816	2486	134	263	2119	2273	124
教育部	207	1597	2161	120	214	1855	1852	110
其他部门	59	219	325	14	49	264	421	14
地方	1609	6280	14 713	843	1778	6980	13 969	878
教育部门	1261	4938	12 786	694	1467	5988	12 037	753
其他部门	320	1291	1827	141	274	879	1848	115
具有法人资格的中外合作办学	6	10	23	3	15	67	32	5
地方企业	22	41	77	5	22	46	52	5
民办	412	808	1392	134	432	1043	1752	151
总计	2287	8904	18 591	1111	2473	10 142	17 994	1153

表6-64 按重点建设项目分普通高校设置专门技术转化机构及网站情况

高校分类	2021年				2022年			
	机构数（个）	专职工作人员数（人）	兼职工作人员数（人）	学校设置专门技术转化网站数（个）	机构数（个）	专职工作人员数（人）	兼职工作人员数（人）	学校设置专门技术转化网站数（个）
"双一流"建设普通本科院校	351	2319	3983	191	383	2763	3590	198
其他普通本科院校	1219	4377	10 970	627	1304	4638	9722	644
"双高"建设高职院校	177	707	1329	86	214	899	1534	106
其他高职专科院校	519	1431	2144	195	550	1783	2975	195
其他高职本科院校	21	70	165	12	22	59	173	10
总计	2287	8904	18 591	1111	2473	10 142	17 994	1153

表6-65　不同地区普通高校设置专门技术转化机构及网站情况

地区	2021年				2022年			
	机构数（个）	专职工作人员数（人）	兼职工作人员数（人）	学校设置专门技术转化网站数（个）	机构数（个）	专职工作人员数（人）	兼职工作人员数（人）	学校设置专门技术转化网站数（个）
北　京	50	312	141	38	56	466	423	42
天　津	30	145	1038	22	33	139	439	21
河　北	53	215	409	35	46	219	419	33
山　西	70	158	252	14	73	150	316	16
内蒙古	20	82	112	9	20	68	155	8
辽　宁	78	317	621	38	88	355	750	41
吉　林	58	212	752	31	65	250	812	31
黑龙江	97	292	441	19	58	334	517	19
上　海	35	215	329	24	36	233	355	25
江　苏	239	1110	2253	121	270	1420	2467	125
浙　江	309	908	1264	62	352	885	1389	62
安　徽	58	205	815	28	63	203	933	33
福　建	69	251	437	70	80	310	407	71
江　西	73	255	384	57	87	285	354	39
山　东	106	563	1037	60	116	585	1146	75
河　南	121	1021	1699	76	156	1181	1300	88
湖　北	67	335	885	48	79	395	905	49
湖　南	85	261	560	79	95	341	640	61
广　东	130	503	932	63	156	523	1179	69
广　西	38	86	180	8	44	151	412	12
海　南	18	64	34	13	17	37	65	9
重　庆	63	162	310	17	110	293	380	30
四　川	176	396	450	46	111	548	548	70
贵　州	40	119	191	17	39	110	226	15
云　南	26	43	82	49	27	99	123	47
西　藏	5	3	13	1	5	2	17	1
陕　西	102	480	592	40	101	367	652	37

地区	2021年				2022年			
	机构数（个）	专职工作人员数（人）	兼职工作人员数（人）	学校设置专门技术转化网站数（个）	机构数（个）	专职工作人员数（人）	兼职工作人员数（人）	学校设置专门技术转化网站数（个）
甘　肃	29	123	2226	20	34	100	436	17
青　海	4	13	13	0	4	13	14	0
宁　夏	7	13	36	2	6	10	44	2
新　疆	31	42	103	4	46	70	171	5
总　计	2287	8904	18 591	1111	2473	10 142	17 994	1153

2.高校科技成果转化情况

表6-66　不同类型普通高校科技成果转化情况

高校类型	2021年			2022年		
	依托本单位科技成果成立的企业数（个）	本年以本单位知识产权作价投资形式注册的企业数（个）	本年以本单位知识产权作价投资合计折价金额（亿元）	依托本单位科技成果成立的企业数（个）	本年以本单位知识产权作价投资形式注册的企业数（个）	本年以本单位知识产权作价投资合计折价金额（亿元）
综合大学	1902	162	12.46	1829	189	14.82
理工院校	3207	291	13.39	3941	364	27.24
农业院校	214	4	0.78	144	3	0.63
林业院校	10	0	0.00	1	0	0.00
医药院校	205	17	1.87	132	18	1.60
师范院校	478	65	1.27	442	33	0.83
语文院校	37	2	0.00	18	6	0.00
财经院校	167	25	0.28	270	23	0.80
政法院校	0	0	0.00	0	0	0.00
体育院校	0	0	0.00	0	0	0.00
艺术院校	46	1	0.00	88	1	0.00
民族院校	4	0	0.00	18	0	0.00
总　计	6270	567	30.06	6883	637	45.90

注：　"本年以本单位知识产权作价投资合计折价金额"的统计均为四舍五入后数额，所列各类型院校数额相加之后可能不等于总计数额。下同。

表6-67 不同规格普通高校科技成果转化情况

高校规格	2021年			2022年		
	依托本单位科技成果成立的企业数（个）	本年以本单位知识产权作价投资形式注册的企业数（个）	本年以本单位知识产权作价投资合计折价金额（亿元）	依托本单位科技成果成立的企业数（个）	本年以本单位知识产权作价投资形式注册的企业数（个）	本年以本单位知识产权作价投资合计折价金额（亿元）
本科	5690	498	28.20	6155	550	33.86
其中：独立学院	115	18	0.03	97	15	0.03
专科	580	69	1.85	728	87	12.04
总计	6270	567	30.06	6883	637	45.90

表6-68 不同隶属普通高校科技成果转化情况

高校隶属	2021年			2022年		
	依托本单位科技成果成立的企业数（个）	本年以本单位知识产权作价投资形式注册的企业数（个）	本年以本单位知识产权作价投资合计折价金额（亿元）	依托本单位科技成果成立的企业数（个）	本年以本单位知识产权作价投资形式注册的企业数（个）	本年以本单位知识产权作价投资合计折价金额（亿元）
中央	1625	203	17.69	1675	245	21.63
教育部	1408	158	14.38	1374	190	18.31
其他部门	217	45	3.31	301	55	3.32
地方	4243	282	11.23	4472	257	23.94
教育部门	3920	251	10.61	4215	233	23.35
其他部门	307	30	0.59	244	23	0.59
具有法人资格的中外合作办学	6	1	0.04	3	1	0.00
地方企业	10	0	0.00	10	0	0.00
民办	402	82	1.13	736	135	0.33
总计	6270	567	30.06	6883	637	45.90

表6-69 按重点建设项目分普通高校科技成果转化情况

高校分类	2021年			2022年		
	依托本单位科技成果成立的企业数（个）	本年以本单位知识产权作价投资形式注册的企业数（个）	本年以本单位知识产权作价投资合计折价金额（亿元）	依托本单位科技成果成立的企业数（个）	本年以本单位知识产权作价投资形式注册的企业数（个）	本年以本单位知识产权作价投资合计折价金额（亿元）
"双一流"建设普通本科院校	2091	225	19.44	2227	282	23.96
其他普通本科院校	3583	266	8.74	3909	263	9.87
"双高"建设高职院校	181	28	0.67	230	21	10.97
其他高职专科院校	403	41	1.19	504	66	1.07
其他高职本科院校	12	7	0.02	13	5	0.03
总计	6270	567	30.06	6883	637	45.90

表6-70 不同地区普通高校科技成果转化情况

地区	2021年			2022年		
	依托本单位科技成果成立的企业数（个）	本年以本单位知识产权作价投资形式注册的企业数（个）	本年以本单位知识产权作价投资合计折价金额（亿元）	依托本单位科技成果成立的企业数（个）	本年以本单位知识产权作价投资形式注册的企业数（个）	本年以本单位知识产权作价投资合计折价金额（亿元）
北 京	347	84	4.86	470	94	5.51
天 津	106	57	0.28	167	15	1.08
河 北	166	2	0.00	153	1	0.00
山 西	42	5	0.44	17	0	0.01
内蒙古	12	0	0.00	14	0	10.00
辽 宁	257	16	0.37	246	16	0.77
吉 林	191	3	0.55	329	3	0.02
黑龙江	133	9	0.71	186	14	0.33

续表

地区	2021年			2022年		
	依托本单位科技成果成立的企业数（个）	本年以本单位知识产权作价投资形式注册的企业数（个）	本年以本单位知识产权作价投资合计折价金额（亿元）	依托本单位科技成果成立的企业数（个）	本年以本单位知识产权作价投资形式注册的企业数（个）	本年以本单位知识产权作价投资合计折价金额（亿元）
上 海	273	17	2.00	346	16	1.71
江 苏	695	38	2.74	764	49	4.73
浙 江	833	32	0.40	860	44	0.30
安 徽	113	8	0.16	104	13	0.60
福 建	90	12	0.43	143	11	0.90
江 西	157	20	2.11	87	35	0.51
山 东	433	81	2.94	504	89	3.12
河 南	289	10	0.11	292	9	0.09
湖 北	202	22	2.20	213	26	2.63
湖 南	247	47	3.89	246	34	6.90
广 东	280	23	1.13	399	77	0.87
广 西	34	4	0.13	47	2	0.07
海 南	5	9	0.04	5	7	0.56
重 庆	480	16	1.12	259	11	0.19
四 川	447	13	0.70	510	14	1.29
贵 州	52	6	0.04	23	2	0.35
云 南	88	5	0.02	20	4	0.17
西 藏	0	0	0.00	0	0	0.00
陕 西	273	25	2.41	421	46	3.17
甘 肃	20	1	0.28	54	2	0.01
青 海	0	0	0.00	0	0	0.00
宁 夏	2	2	0.00	2	2	0.00
新 疆	3	0	0.00	2	1	0.00
总 计	6270	567	30.06	6883	637	45.90

七、高校教师参与创新情况

监测结果显示，2022年，在同时担任教学和科研工作的高校教师中，约有51.8%的教师每周在教学（备课、上课、带实验课、课后答疑等）活动上花费30小时以上的时间，约有51.2%的教师每周在自己的科研及学术工作上花费30小时以上的时间，约有19.9%的教师每周在直接指导学生的科研及创新创业活动上花费30小时以上的时间，约有5.7%的教师每周在社会服务（专家咨询或评审等）上花费30小时以上的时间。60.7%的教师认为科研工作对教学水平提升或推动教学改革起到比较多或非常多的作用。教师们普遍认为，科研工作对教学的支撑作用主要体现在"拓宽教学内容，介绍课程相关领域的最新科研成果"上。

分别有92.6%和85.3%的教师吸纳过本科生和研究生参与科研项目，71.0%的教师表示吸纳学生参与科研项目的效果较好或非常好。有76.8%的教师与政府部门、企事业单位开展合作，共同培养学生，56.7%的教师表示效果较好或非常好。88.7%的教师参与过多学科、跨学科或交叉学科合作培养学生，66.8%的教师表示效果较好或很好。

2022年，有36.4%的教师承担了横向项目，19.6%的项目合同金额在10万以上；有59.3%的高校教师承担了纵向项目，29.9%的项目合同金额在10万以上。64.5%的高校教师与企业、政府部门或事业单位合作开展过科研创新，81.4%的教师参与过跨学科、交叉学科或多学科合作的科研项目，68.1%的教师是通过自行寻找的渠道实现转化的，57.4%的教师是通过专利转让的方式实现转化的。

对于学术生活的压力来源，分别有76.2%和50.8%的教师表示压力来源于科研和事务性工作。

在职称评聘中，教师认为最重要的影响因素是师德师风，87.8%的教师认为这一因素比较重要或非常重要。46.7%的教师表示所在学校设立了职称评定"绿色通道"，62.3%的教师表示所在学校有对青年科技人才的特别支持和引导计划，但也有28.7%的教师表示存在过于重视论文发表数量的现象。

对于高校的科研工作服务，36.0%的教师表示所在学校在科研经费改革方面举措的力度比较大或非常大，42.4%的教师对所在学校科研项目经费报销流程和时效性表示比较满意或非常满意，19.0%的教师表示所在学校设置了专门的科研财务助理，48.2%的教师表示所获财政科研经费用于硕博士培养的机制畅通。在绩效评定时，教师认为论文期刊等级的影响程度更大，84.9%的教师认为这一因素比较重要或非常重要。

对于目前高校的科研环境，58.5%的教师表示所在学校学术不端行为发生的频率大幅减少或有所减少，68.1%的教师表示所在学校对学术不端行为的惩治力度比较大或非常大，93.7%的教师表示所在学科存在不同程度的"圈子文化"，52.0%的教师表示所在院校的科研氛围比较好或非常好，53.1%的教师表示所在学校的学生学风比较好或非常好。39.8%的教师对目前的论文发表环境表示较满意或很满意。

对于高校对专任教师开展的分类聘任与评价，分别有46.0%和44.6%的教师表示对学校的教师进修培训等职业发展支持制度和项目等级制度满意。52.4%的教师对职业感到满意。

（一）科技育人工作

1.对教学、科研和社会服务活动的投入

表7-1　按高校类型分普通本科高校教师给予各项活动不同时间分配的比例

单位：%

活动类型	高校类型	给予各项活动不同时间分配的教师比例									
		2021年					2022年				
		5小时以下	5～12小时	13～20小时	21～30小时	30小时以上	5小时以下	5～12小时	13～20小时	21～30小时	30小时以上
教学	理工院校	8.5	31.6	32.1	14.2	13.6	2.0	7.4	17.3	22.1	51.3
	农林院校	8.4	29.6	32.3	16.1	13.6	1.4	6.0	15.9	24.6	52.1
	医药院校	16.3	26.9	27.8	13.8	15.3	2.4	11.6	14.7	20.6	50.6
	综合大学	8.9	31.1	30.1	14.5	15.3	2.4	8.7	17.1	23.2	48.6
	其他高校	7.0	26.2	32.0	17.1	17.7	1.2	5.7	13.8	22.8	56.5
	总计	9.2	29.6	31.1	15.0	15.1	1.9	7.6	16.2	22.5	51.8
自己的科研及学术工作	理工院校	9.4	23.4	26.0	14.4	26.9	2.7	9.6	16.4	21.8	49.6
	农林院校	9.8	22.3	23.4	15.1	29.4	1.4	7.3	13.1	21.3	56.9
	医药院校	12.0	23.2	25.2	11.2	28.4	3.0	10.6	17.4	21.3	47.7
	综合大学	11.5	23.3	22.2	13.8	29.2	2.0	8.0	14.4	20.3	55.3
	其他高校	14.4	27.0	25.2	11.9	21.5	2.7	9.8	16.3	21.8	49.5
	总计	11.3	24.0	24.7	13.4	26.6	2.5	9.2	15.8	21.4	51.2
直接指导学生的科研及创新创业活动	理工院校	27.4	42.1	18.3	5.1	7.0	11.3	28.1	21.9	19.6	19.2
	农林院校	24.8	40.2	18.9	6.8	9.4	7.4	27.1	21.1	21.3	23.1
	医药院校	33.5	34.2	16.5	5.6	10.2	13.2	27.9	20.6	19.2	19.2
	综合大学	29.8	38.2	17.8	6.1	8.1	9.3	27.1	22.1	19.5	21.9
	其他高校	34.1	40.9	15.3	3.4	6.3	12.5	26.7	22.0	20.5	18.3
	总计	30.0	39.9	17.4	5.1	7.7	11.0	27.5	21.8	19.9	19.9
社会服务	理工院校	68.8	23.7	4.7	1.2	1.6	38.6	30.2	16.3	9.2	5.7
	农林院校	65.6	25.6	5.3	1.8	1.7	35.3	32.2	17.4	9.5	5.6
	医药院校	76.0	17.2	3.8	0.9	2.3	44.7	29.2	13.1	8.3	4.7
	综合大学	68.2	24.0	5.1	1.4	1.4	35.7	32.0	15.9	10.5	5.9
	其他高校	69.8	22.8	4.4	1.1	1.9	37.8	28.0	16.8	11.2	6.1
	总计	69.5	22.9	4.7	1.2	1.7	38.1	30.2	16.1	9.9	5.7

注：本报告百分比统计数据均保留一位小数，由于四舍五入，相加可能不等于100%。下同。

表7-2　按高校隶属分普通本科高校教师给予各项活动不同时间分配的比例

单位：%

活动类型	高校隶属	给予各项活动不同时间分配的教师比例									
		2021年					2022年				
		5小时以下	5～12小时	13～20小时	21～30小时	30小时以上	5小时以下	5～12小时	13～20小时	21～30小时	30小时以上
教学	中央	10.7	35.1	29.1	13.8	11.2	3.6	13.5	22.6	24.1	36.3
	中央教育部门	10.6	34.4	29.5	14.0	11.5	2.8	13.0	23.5	24.7	36.0
	中央其他部门	11.8	39.7	26.1	12.6	9.8	6.3	14.9	19.5	22.2	37.1
	地方	9.0	28.5	31.6	15.2	15.8	1.6	6.7	15.1	22.3	54.2
	地方教育部门	9.0	28.5	31.8	15.1	15.7	1.7	6.8	15.3	22.5	53.8
	地方其他部门	9.2	28.0	21.8	19.2	21.8	1.2	4.1	11.9	18.4	64.3
	民办	5.6	25.8	20.2	21.3	27.0	0.0	23.1	23.1	0.0	53.8
	总计	9.2	29.6	31.1	15.0	15.1	1.9	7.6	16.2	22.5	51.8
自己的科研及学术工作	中央	6.1	15.7	24.9	16.0	37.3	1.1	4.4	12.9	19.1	62.6
	中央教育部门	6.2	15.6	24.9	15.9	37.3	0.9	4.1	13.4	18.9	62.7
	中央其他部门	5.2	16.1	25.0	16.4	37.4	1.7	5.1	11.2	19.7	62.3
	地方	12.2	25.7	24.7	12.9	24.6	2.7	10.0	16.2	21.7	49.5
	地方教育部门	12.0	25.6	24.8	13.0	24.7	2.6	9.8	16.1	21.6	50.0
	地方其他部门	22.6	28.7	20.7	9.6	18.4	5.3	15.2	20.0	25.0	34.6
	民办	31.5	32.6	20.2	4.5	11.2	7.7	0.0	30.8	15.4	46.2
	总计	11.3	24.0	24.7	13.4	26.6	2.5	9.2	15.8	21.4	51.2
直接指导学生的科研及创新创业活动	中央	22.9	39.5	21.0	6.3	10.3	7.7	28.1	23.6	18.7	21.9
	中央教育部门	23.2	40.0	20.1	6.5	10.2	7.7	28.2	23.9	18.3	21.8
	中央其他部门	20.4	36.5	27.3	4.6	11.2	7.9	27.8	22.4	19.9	22.1
	地方	31.2	40.0	16.7	4.9	7.2	11.5	27.4	21.5	20.0	19.6
	地方教育部门	30.9	40.1	16.8	5.0	7.2	11.3	27.4	21.5	20.2	19.7
	地方其他部门	47.5	32.2	11.5	2.7	6.1	15.9	27.5	21.9	16.9	17.8
	民办	57.3	30.3	9.0	1.1	2.2	15.4	38.5	15.4	7.7	23.1
	总计	30.0	39.9	17.4	5.1	7.7	11.0	27.5	21.8	19.9	19.9

续表

活动类型	高校隶属	给予各项活动不同时间分配的教师比例									
		2021年					2022年				
		5小时以下	5~12小时	13~20小时	21~30小时	30小时以上	5小时以下	5~12小时	13~20小时	21~30小时	30小时以上
社会服务	中央	62.9	28.1	5.7	1.6	1.7	30.4	39.5	15.9	9.3	4.9
	中央教育部门	63.0	27.9	5.7	1.6	1.7	29.2	40.6	16.0	9.4	4.8
	中央其他部门	62.1	29.3	5.5	1.4	1.7	34.4	35.8	15.6	9.0	5.1
	地方	70.9	21.9	4.5	1.1	1.7	39.3	28.7	16.2	10.0	5.9
	地方教育部门	70.8	21.9	4.5	1.1	1.7	39.2	28.8	16.3	9.9	5.8
	地方其他部门	71.6	19.5	4.2	1.9	2.7	42.4	26.9	13.0	10.9	6.8
	民办	74.2	21.3	1.1	1.1	2.2	53.8	30.8	0.0	0.0	15.4
	总计	69.5	22.9	4.7	1.2	1.7	38.1	30.2	16.1	9.9	5.7

表7-3 按"双一流"建设项目分普通本科高校教师给予各项活动不同时间分配的比例

单位：%

活动类型	高校分类	给予各项活动不同时间分配的教师比例									
		2021年					2022年				
		5小时以下	5~12小时	13~20小时	21~30小时	30小时以上	5小时以下	5~12小时	13~20小时	21~30小时	30小时以上
教学	"双一流"建设高校	10.0	33.7	30.2	13.7	12.4	3.2	12.0	21.0	23.8	40.0
	其他高校	8.9	27.7	31.5	15.6	16.3	1.5	6.2	14.5	22.1	55.7
	总计	9.2	29.6	31.1	15.0	15.1	1.9	7.6	16.2	22.5	51.8
自己的科研及学术工作	"双一流"建设高校	6.8	19.0	23.6	16.0	34.6	1.2	5.3	12.9	19.1	61.4
	其他高校	13.3	26.3	25.2	12.2	23.0	2.9	10.5	16.7	22.1	47.8
	总计	11.3	24.0	24.7	13.4	26.6	2.5	9.2	15.8	21.4	51.2
直接指导学生的科研及创新创业活动	"双一流"建设高校	23.8	40.1	20.2	6.1	9.9	7.8	27.5	22.5	20.0	22.2
	其他高校	32.8	39.7	16.1	4.7	6.7	12.0	27.5	21.5	19.8	19.2
	总计	30.0	39.9	17.4	5.1	7.7	11.0	27.5	21.8	19.9	19.9

续表

活动类型	高校分类	给予各项活动不同时间分配的教师比例									
		2021年					2022年				
		5小时以下	5～12小时	13～20小时	21～30小时	30小时以上	5小时以下	5～12小时	13～20小时	21～30小时	30小时以上
社会服务	"双一流"建设高校	63.9	27.7	5.4	1.3	1.6	32.6	37.3	15.7	9.3	5.2
	其他高校	72.1	20.7	4.3	1.2	1.7	39.9	27.8	16.3	10.1	5.9
	总计	69.5	22.9	4.7	1.2	1.7	38.1	30.2	16.1	9.9	5.7

注：2021年数据中，进入"世界一流大学"及"世界一流学科"建设项目的高校简称为"双一流"建设高校；2022年数据中，进入2022年教育部公布《第二轮"双一流"建设高校及建设学科名单》中的高校简称为"双一流"建设高校。下同。

2.对教学科研关系的态度

表7-4　按高校类型分普通本科高校教师将科研成果转化为教学资源情况

单位：%

高校类型	教师将科研成果转化为教学资源情况									
	2021年					2022年				
	几乎没有	比较少	一般	比较多	非常多	几乎没有	比较少	一般	比较多	非常多
理工院校	3.2	14.3	40.2	35.1	7.1	4.7	16.2	40.9	32.5	5.7
农林院校	3.2	14.6	36.4	35.9	9.9	3.5	14.0	37.8	34.8	9.8
医药院校	6.7	21.7	39.5	28.3	3.8	6.4	19.0	40.7	28.8	5.0
综合大学	4.1	15.3	40.8	33.3	6.6	4.0	15.9	40.4	33.7	6.0
其他高校	3.9	17.7	41.2	30.2	7.0	4.4	15.4	41.9	32.3	6.1
总计	4.0	16.2	40.2	32.9	6.8	4.5	16.1	40.8	32.6	6.1

表7-5　按高校隶属分普通本科高校教师将科研成果转化为教学资源情况

单位：%

高校隶属	教师将科研成果转化为教学资源情况									
	2021年					2022年				
	几乎没有	比较少	一般	比较多	非常多	几乎没有	比较少	一般	比较多	非常多
中央	3.3	10.9	34.9	40.7	10.2	2.0	9.5	35.7	43.2	9.6
中央教育部门	3.3	11.4	34.7	40.5	10.0	1.6	8.7	35.8	44.3	9.6
中央其他部门	2.9	7.2	35.9	42.2	11.8	3.3	12.3	35.5	39.2	9.7
地方	4.1	17.2	41.2	31.3	6.1	4.9	17.1	41.5	30.9	5.5
地方教育部门	4.1	17.2	41.1	31.5	6.1	4.9	16.9	41.4	31.2	5.6
地方其他部门	4.2	21.5	44.1	24.5	5.7	5.9	23.2	43.9	23.5	3.6
民办	5.6	18.0	44.9	24.7	6.7	7.7	0.0	92.3	0.0	0.0
总计	4.0	16.2	40.2	32.9	6.8	4.5	16.1	40.8	32.6	6.1

表7-6　按"双一流"建设项目分普通本科高校教师将科研成果转化为教学资源情况

单位：%

高校分类	教师将科研成果转化为教学资源情况									
	2021年					2022年				
	几乎没有	比较少	一般	比较多	非常多	几乎没有	比较少	一般	比较多	非常多
"双一流"建设高校	3.3	12.2	37.0	38.5	9.1	2.3	11.2	37.7	40.0	8.8
其他高校	4.3	18.0	41.6	30.3	5.7	5.3	17.7	41.8	30.1	5.2
总计	4.0	16.2	40.2	32.9	6.8	4.5	16.1	40.8	32.6	6.1

表7-7　按高校类型分普通本科高校教师开展科研工作对教学水平提升或推动教学改革的作用

单位：%

| 高校类型 | 教师开展科研工作对教学水平提升或推动教学改革的作用 | | | | | | | | | |
| | 2021年 | | | | | 2022年 | | | | |
	几乎没有	比较少	一般	比较多	非常多	几乎没有	比较少	一般	比较多	非常多
理工院校	1.4	5.8	28.9	46.9	17.0	2.0	8.1	29.8	45.4	14.7
农林院校	1.7	7.0	24.0	46.9	20.3	1.1	5.7	27.2	45.9	20.1
医药院校	2.0	10.2	31.4	42.9	13.5	1.5	10.3	32.0	43.8	12.4
综合大学	1.6	6.9	29.7	44.4	17.4	1.4	7.1	28.7	47.5	15.3
其他高校	1.5	7.9	30.3	44.1	16.1	1.9	7.7	30.7	44.6	15.1
总计	1.6	7.1	29.3	45.2	16.7	1.7	7.8	29.7	45.6	15.1

表7-8　按高校隶属分普通本科高校教师开展科研工作对教学水平提升或推动教学改革的作用

单位：%

| 高校隶属 | 教师开展科研工作对教学水平提升或推动教学改革的作用 | | | | | | | | | |
| | 2021年 | | | | | 2022年 | | | | |
	几乎没有	比较小	一般	比较多	非常多	几乎没有	比较小	一般	比较多	非常多
中央	1.4	5.8	23.3	48.0	21.5	0.7	4.4	20.5	53.2	21.3
中央教育部门	1.5	6.1	23.9	47.7	20.9	0.6	4.0	19.9	54.3	21.2
中央其他部门	1.1	3.7	19.3	50.6	25.3	0.7	5.7	22.8	49.1	21.7
地方	1.6	7.4	30.5	44.7	15.8	1.9	8.4	31.2	44.4	14.2
地方教育部门	1.6	7.3	30.5	44.7	15.9	1.9	8.3	31.0	44.5	14.4
地方其他部门	2.3	10.0	33.0	44.1	10.7	2.7	10.7	35.8	41.7	9.1
民办	3.4	11.2	28.1	44.9	12.4	0.0	7.7	46.2	46.2	0.0
总计	1.6	7.1	29.3	45.2	16.7	1.7	7.8	29.7	45.6	15.1

表7-9 按"双一流"建设项目分普通本科高校教师开展科研工作对教学水平提升或推动教学改革的作用

单位：%

高校分类	教师开展科研工作对教学水平提升或推动教学改革的作用									
	2021年					2022年				
	几乎没有	比较小	一般	比较多	非常多	几乎没有	比较小	一般	比较多	非常多
"双一流"建设高校	1.4	5.8	25.3	46.9	20.6	0.8	5.0	23.3	51.2	19.7
其他高校	1.7	7.7	31.2	44.5	14.9	2.0	8.8	31.9	43.7	13.6
总计	1.6	7.1	29.3	45.2	16.7	1.7	7.8	29.7	45.6	15.1

表7-10 科研工作对教学的支撑作用

单位：%

科研工作对教学的支撑作用	2021年	2022年
拓宽教学内容，介绍课程相关领域的最新科研成果	90.7	91.7
改革教学方式，通过科研训练培养学生科研实践动手能力	72.9	73.3
丰富人才培养维度，培养学生勇攀高峰、勇于探索的科研（科学家）精神	80.5	81.3
其他	3.9	3.9

3.吸纳本科生、研究生参与科研项目的情况

表7-11 按高校类型分曾吸纳本科生参与科研项目的普通本科高校教师比例

单位：%

高校类型	2021年					2022年				
	从不	偶尔	有时	较多	总是	从不	偶尔	有时	较多	总是
理工院校	6.1	28.8	35.3	23.0	6.9	9.2	31.6	34.3	19.6	5.3
农林院校	2.7	18.0	32.2	34.7	12.5	2.5	20.5	33.3	33.7	10.1
医药院校	5.1	24.9	32.5	27.5	10.1	4.7	25.5	35.3	26.1	8.3
综合大学	6.4	26.5	34.4	24.2	8.4	5.6	27.5	35.0	24.2	7.7
其他高校	8.0	31.0	32.5	20.9	7.7	8.8	34.6	33.4	17.5	5.7
总计	6.2	27.5	33.9	24.2	8.2	7.4	29.9	34.3	21.9	6.6

表7-12　按高校隶属分曾吸纳本科生参与科研项目的普通本科高校教师比例

单位：%

高校隶属	2021年					2022年				
	从不	偶尔	有时	较多	总是	从不	偶尔	有时	较多	总是
中央	5.8	27.6	34.8	24.2	7.6	5.8	25.7	35.5	25.2	7.8
中央教育部门	6.1	27.6	35.3	23.8	7.1	5.1	26.2	35.3	25.2	8.2
中央其他部门	4.0	27.6	31.3	26.4	10.6	8.3	23.9	36.0	25.2	6.6
地方	6.2	27.4	33.7	24.3	8.4	7.6	30.6	34.1	21.3	6.4
地方教育部门	6.2	27.4	33.6	24.4	8.4	7.6	30.4	34.3	21.4	6.4
地方其他部门	8.0	26.8	37.2	18.8	9.2	9.1	35.5	29.2	20.0	6.2
民办	13.5	33.7	37.1	12.4	3.4	7.7	15.4	38.5	38.5	0.0
总计	6.2	27.5	33.9	24.2	8.2	7.4	29.9	34.3	21.9	6.6

表7-13　按"双一流"建设项目分曾吸纳本科生参与科研项目的普通本科高校教师比例

单位：%

高校分类	2021年					2022年				
	从不	偶尔	有时	较多	总是	从不	偶尔	有时	较多	总是
"双一流"建设高校	5.5	26.3	35.3	25.1	7.8	5.4	25.8	35.0	26.0	7.9
其他高校	6.5	28.0	33.3	23.8	8.4	8.0	31.3	34.1	20.5	6.1
总计	6.2	27.5	33.9	24.2	8.2	7.4	29.9	34.3	21.9	6.6

表7-14　按高校类型分曾吸纳研究生参与科研项目的普通本科高校教师比例

单位：%

高校类型	2021年					2022年				
	从不	偶尔	有时	较多	总是	从不	偶尔	有时	较多	总是
理工院校	8.5	9.3	11.5	34.0	36.6	17.4	11.6	11.9	31.3	27.7
农林院校	8.4	7.5	9.4	29.2	45.5	9.5	8.9	11.0	30.1	40.4
医药院校	9.7	11.9	13.0	29.7	35.7	13.4	14.5	13.0	28.3	30.8
综合大学	16.3	11.5	11.1	27.6	33.5	12.8	11.2	13.0	31.2	31.9
其他高校	14.4	14.7	17.3	30.5	23.1	14.3	16.7	18.2	31.2	19.6
总计	11.6	11.1	12.7	31.0	33.6	14.7	12.7	13.5	30.9	28.2

表7-15 按高校隶属分曾吸纳研究生参与科研项目的普通本科高校教师比例

单位：%

高校隶属	2021年					2022年				
	从不	偶尔	有时	较多	总是	从不	偶尔	有时	较多	总是
中央	3.9	6.4	9.9	34.1	45.6	3.2	6.4	10.2	35.9	44.4
中央教育部门	4.0	6.8	10.0	34.2	45.0	3.0	5.9	9.9	35.7	45.4
中央其他部门	3.4	3.7	9.2	33.9	49.7	3.9	7.9	11.2	36.4	40.6
地方	12.8	12.1	13.3	30.5	31.3	16.5	13.7	14.0	30.1	25.7
地方教育部门	12.5	11.9	13.3	30.7	31.6	15.5	13.4	14.1	30.7	26.3
地方其他部门	26.4	23.4	13.0	20.7	16.5	43.9	21.0	11.4	14.1	9.6
民办	61.8	13.5	10.1	10.1	4.5	23.1	0.0	23.1	30.8	23.1
总计	11.6	11.1	12.7	31.0	33.6	14.7	12.7	13.5	30.9	28.2

表7-16 按"双一流"建设项目分曾吸纳研究生参与科研项目的普通本科高校教师比例

单位：%

高校分类	2021年					2022年				
	从不	偶尔	有时	较多	总是	从不	偶尔	有时	较多	总是
"双一流"建设高校	4.6	7.4	11.1	33.5	43.4	3.7	7.0	10.1	35.8	43.4
其他高校	14.8	12.8	13.4	29.9	29.1	18.4	14.6	14.7	29.2	23.1
总计	11.6	11.1	12.7	31.0	33.6	14.7	12.7	13.5	30.9	28.2

表7-17 按高校类型分普通本科高校吸纳学生参与科研项目培养学生的效果

单位：%

高校类型	吸纳学生参与科研项目培养学生的效果									
	2021年					2022年				
	没有效果	效果不好	效果一般	效果较好	效果非常好	没有效果	效果不好	效果一般	效果较好	效果非常好
理工院校	0.5	1.9	19.4	57.8	20.4	1.3	3.2	24.5	56.1	14.9
农林院校	0.2	1.6	16.4	56.3	25.5	0.3	2.3	17.4	57.5	22.5
医药院校	0.3	2.0	20.0	59.0	18.7	0.9	2.4	22.9	59.1	14.7
综合大学	0.8	2.0	21.0	56.4	19.8	1.0	3.2	22.7	56.6	16.4
其他高校	0.9	3.3	26.9	54.3	14.6	1.4	4.1	30.1	51.8	12.6
总计	0.6	2.2	21.2	56.8	19.2	1.1	3.3	24.6	55.7	15.3

表7-18　按高校隶属分普通本科高校吸纳学生参与科研项目培养学生的效果

单位：%

高校隶属	吸纳学生参与科研项目培养学生的效果									
	2021年					2022年				
	没有效果	效果不好	效果一般	效果较好	效果非常好	没有效果	效果不好	效果一般	效果较好	效果非常好
中央	0.9	1.5	17.0	56.4	24.2	0.5	1.6	16.4	58.8	22.8
中央教育部门	0.8	1.7	17.8	56.7	23.0	0.5	1.5	16.0	58.9	23.1
中央其他部门	1.7	0.6	11.2	53.7	32.8	0.4	1.8	17.8	58.3	21.7
地方	0.5	2.3	22.0	57.0	18.2	1.2	3.5	25.9	55.2	14.2
地方教育部门	0.5	2.3	21.8	57.0	18.3	1.2	3.5	25.6	55.4	14.3
地方其他部门	1.5	2.7	27.6	55.6	12.6	2.5	4.6	34.2	49.0	9.6
民办	5.6	3.4	38.2	44.9	7.9	0.0	0.0	7.7	92.3	0.0
总计	0.6	2.2	21.2	56.8	19.2	1.1	3.3	24.6	55.7	15.3

表7-19　按"双一流"建设项目分普通本科高校吸纳学生参与科研项目培养学生的效果

单位：%

高校分类	吸纳学生参与科研项目培养学生的效果									
	2021年					2022年				
	没有效果	效果不好	效果一般	效果较好	效果非常好	没有效果	效果不好	效果一般	效果较好	效果非常好
"双一流"建设高校	0.7	1.7	17.6	56.8	23.2	0.6	1.8	17.7	58.5	21.4
其他高校	0.6	2.4	22.9	56.8	17.3	1.3	3.8	26.9	54.8	13.3
总计	0.6	2.2	21.2	56.8	19.2	1.1	3.3	24.6	55.7	15.3

表7-20　按高校类型分普通本科高校教师与政府部门、企业或事业单位开展合作、共同培养学生的频率

单位：%

高校类型	高校教师与政府部门、企业或事业单位开展合作、共同培养学生的频率									
	2021年					2022年				
	从不	偶尔	有时	较多	总是	从不	偶尔	有时	较多	经常
理工院校	18.5	31.5	29.0	16.5	4.4	19.0	34.6	28.1	14.9	3.3
农林院校	17.7	34.4	29.4	14.3	4.2	20.4	33.4	27.4	15.8	3.1

高校类型	高校教师与政府部门、企业或事业单位开展合作、共同培养学生的频率									
	2021年					2022年				
	从不	偶尔	有时	较多	总是	从不	偶尔	有时	较多	经常
医药院校	33.2	35.1	20.8	8.8	2.2	32.8	34.4	22.5	7.8	2.5
综合大学	23.7	34.5	24.8	13.7	3.2	22.5	35.7	26.5	12.5	2.9
其他高校	27.0	36.0	24.0	10.2	2.7	28.3	37.5	22.9	9.2	2.1
总计	23.2	33.8	26.0	13.4	3.5	23.2	35.4	26.1	12.6	2.8

表7-21 按高校隶属分普通本科高校教师与政府部门、企业或事业单位开展合作、共同培养学生的频率

单位：%

高校隶属	高校教师与政府部门、企业或事业单位开展合作、共同培养学生的频率									
	2021年					2022年				
	从不	偶尔	有时	较多	总是	从不	偶尔	有时	较多	经常
中央	20.6	31.8	25.5	17.5	4.5	20.7	32.9	26.8	15.3	4.3
中央教育部门	20.6	31.5	25.7	17.5	4.6	20.4	33.2	26.7	15.6	4.1
中央其他部门	20.7	33.3	24.4	17.5	4.0	21.5	32.0	27.2	14.2	5.1
地方	23.8	34.2	26.2	12.6	3.3	23.6	35.7	25.9	12.1	2.6
地方教育部门	23.7	34.1	26.3	12.6	3.3	23.6	35.6	26.0	12.2	2.6
地方其他部门	26.1	37.5	20.7	11.9	3.8	24.1	39.2	23.4	10.2	3.2
民办	23.6	34.8	18.0	18.0	5.6	15.4	30.8	30.8	23.1	0.0
总计	23.2	33.8	26.0	13.4	3.5	23.2	35.4	26.1	12.6	2.8

表7-22 按"双一流"建设项目分普通本科高校教师与政府部门、企业或事业单位开展合作、共同培养学生的频率

单位：%

高校分类	高校教师与政府部门、企业或事业单位开展合作、共同培养学生的频率									
	2021年					2022年				
	从不	偶尔	有时	较多	总是	从不	偶尔	有时	较多	经常
"双一流"建设高校	21.3	32.9	26.2	15.6	4.0	20.5	33.7	27.3	14.8	3.7
其他高校	24.1	34.2	26.0	12.4	3.3	24.1	35.9	25.7	11.8	2.5
总计	23.2	33.8	26.0	13.4	3.5	23.2	35.4	26.1	12.6	2.8

表7-23　按高校类型分普通本科高校与政府部门、企业或事业单位合作培养学生的效果

单位：%

| 高校类型 | 高校与政府部门、企业或事业单位合作培养学生的效果 | | | | | | | | | |
| | 2021年 | | | | | 2022年 | | | | |
	没有效果	效果不好	效果一般	效果较好	效果非常好	没有效果	效果不好	效果一般	效果较好	效果非常好
理工院校	2.6	4.1	33.1	48.5	11.7	2.9	4.6	33.5	49.3	9.7
农林院校	2.3	3.4	32.3	48.7	13.3	2.7	4.3	31.8	49.7	11.6
医药院校	3.6	3.8	35.1	48.5	9.1	3.9	4.1	35.7	48.8	7.5
综合大学	3.9	4.6	32.7	48.2	10.7	3.8	5.3	35.2	46.7	8.9
其他高校	3.5	4.4	35.5	47.8	8.8	4.4	5.3	37.8	44.9	7.5
总计	3.2	4.2	33.7	48.3	10.6	3.5	4.8	34.9	47.7	9.0

表7-24　按高校隶属分普通本科高校与政府部门、企业或事业单位合作培养学生的效果

单位：%

| 高校隶属 | 高校与政府部门、企业或事业单位合作培养学生的效果 | | | | | | | | | |
| | 2021年 | | | | | 2022年 | | | | |
	没有效果	效果不好	效果一般	效果较好	效果非常好	没有效果	效果不好	效果一般	效果较好	效果非常好
中央	4.1	5.0	35.3	45.5	10.1	4.4	5.8	37.2	43.5	9.2
中央教育部门	4.1	5.0	35.7	45.0	10.2	4.2	5.2	38.0	43.7	8.9
中央其他部门	4.3	4.9	32.5	48.9	9.5	5.0	7.7	34.4	42.6	10.3
地方	3.0	4.0	33.5	48.8	10.7	3.4	4.7	34.6	48.4	8.9
地方教育部门	3.0	4.1	33.6	48.7	10.7	3.4	4.7	34.7	48.3	8.9
地方其他部门	4.2	3.4	31.0	49.4	11.9	2.9	3.6	32.3	51.5	9.8
民办	3.4	2.2	18.0	59.6	16.9	7.7	7.7	7.7	76.9	0.0
总计	3.2	4.2	33.7	48.3	10.6	3.5	4.8	34.9	47.7	9.0

表7-25　按"双一流"建设项目分普通本科高校与政府部门、企业或事业单位合作培养学生的效果

单位：%

| 高校分类 | 高校与政府部门、企业或事业单位合作培养学生的效果 | | | | | | | | | |
| | 2021年 | | | | | 2022年 | | | | |
	没有效果	效果不好	效果一般	效果较好	效果非常好	没有效果	效果不好	效果一般	效果较好	效果非常好
"双一流"建设高校	3.8	4.9	35.1	45.8	10.4	3.7	5.4	36.6	44.7	9.6
其他高校	2.9	3.9	33.1	49.4	10.7	3.5	4.7	34.3	48.8	8.8
总计	3.2	4.2	33.7	48.3	10.6	3.5	4.8	34.9	47.7	9.0

表7-26　按高校类型分普通本科高校教师参与多学科、跨学科或交叉学科人才培养工作的频率

单位：%

| 高校类型 | 高校教师参与多学科、跨学科或交叉学科人才培养工作的频率 | | | | | | | | | |
| | 2021年 | | | | | 2022年 | | | | |
	从不	偶尔	有时	较多	总是	从不	偶尔	有时	较多	经常
理工院校	9.5	31.6	32.4	20.8	5.7	10.7	33.8	31.9	18.9	4.8
农林院校	9.7	31.2	32.2	20.2	6.8	8.5	36.1	33.3	17.7	4.4
医药院校	10.9	35.7	30.7	18.0	4.6	13.2	35.8	28.5	17.7	4.8
综合大学	11.9	32.9	30.0	20.2	5.0	11.0	33.9	32.2	18.2	4.6
其他高校	12.8	37.5	29.2	16.1	4.5	12.7	37.5	30.0	16.5	3.3
总计	10.9	33.6	31.0	19.2	5.2	11.3	35.0	31.3	18.0	4.4

表7-27　按高校隶属分普通本科高校教师参与多学科、跨学科或交叉学科人才培养工作的频率

单位：%

| 高校隶属 | 高校教师参与多学科、跨学科或交叉学科人才培养工作的频率 | | | | | | | | | |
| | 2021年 | | | | | 2022年 | | | | |
	从不	偶尔	有时	较多	总是	从不	偶尔	有时	较多	经常
中央	9.8	30.8	29.8	22.7	6.9	7.7	29.1	31.9	24.7	6.7
中央教育部门	10.0	31.2	29.6	22.6	6.6	7.1	29.2	31.7	25.5	6.6
中央其他部门	8.6	28.2	31.0	23.0	9.2	9.9	28.7	32.7	21.7	7.0
地方	11.1	34.1	31.3	18.6	4.9	11.8	35.9	31.3	17.0	4.0
地方教育部门	11.1	34.1	31.3	18.6	4.9	11.6	35.8	31.3	17.1	4.1

续表

高校隶属	高校教师参与多学科、跨学科或交叉学科人才培养工作的频率									
	2021年					2022年				
	从不	偶尔	有时	较多	总是	从不	偶尔	有时	较多	经常
地方其他部门	15.3	35.6	29.9	14.9	4.2	16.4	38.0	29.2	13.7	2.7
民办	10.1	43.8	22.5	16.9	6.7	7.7	30.8	30.8	30.8	0.0
总计	10.9	33.6	31.0	19.2	5.2	11.3	35.0	31.3	18.0	4.4

表7-28 按"双一流"建设项目分普通本科高校教师参与多学科、跨学科或交叉学科
人才培养工作的频率

单位：%

高校分类	高校教师参与多学科、跨学科或交叉学科人才培养工作的频率									
	2021年					2022年				
	从不	偶尔	有时	较多	总是	从不	偶尔	有时	较多	经常
"双一流"建设高校	9.9	30.9	30.8	22.2	6.2	8.9	29.8	32.5	22.9	6.0
其他高校	11.4	34.9	31.0	17.9	4.8	12.1	36.7	31.0	16.4	3.8
总计	10.9	33.6	31.0	19.2	5.2	11.3	35.0	31.3	18.0	4.4

表7-29 按高校类型分多学科、跨学科及交叉学科合作培养学生的效果

单位：%

高校类型	多学科、跨学科及交叉学科合作培养学生的效果									
	2021年					2022年				
	没有效果	效果不好	效果一般	效果较好	效果非常好	没有效果	效果不好	效果一般	效果较好	效果非常好
理工院校	1.7	2.6	26.1	54.8	14.8	1.9	3.1	28.3	54.9	11.7
农林院校	1.3	1.6	24.3	54.7	18.1	1.7	2.3	26.4	54.8	14.9
医药院校	1.1	1.6	20.3	60.5	16.5	1.8	1.8	24.1	58.5	13.7
综合大学	2.2	2.8	23.7	55.8	15.5	2.1	3.4	27.8	53.9	12.9
其他高校	1.8	3.2	29.4	53.3	12.3	2.5	4.2	30.0	52.4	10.9
总计	1.7	2.6	25.4	55.4	14.9	2.0	3.2	28.0	54.5	12.3

表7-30　按高校隶属分多学科、跨学科及交叉学科合作培养学生的效果

单位：%

| 高校隶属 | 多学科、跨学科及交叉学科合作培养学生的效果 | | | | | | | | | |
| | 2021年 | | | | | 2022年 | | | | |
	没有效果	效果不好	效果一般	效果较好	效果非常好	没有效果	效果不好	效果一般	效果较好	效果非常好
中央	2.3	2.4	24.8	55.4	15.2	1.6	2.8	24.6	55.6	15.5
中央教育部门	2.2	2.6	25.6	54.8	14.9	1.4	2.8	24.4	55.3	16.1
中央其他部门	2.9	1.1	19.3	59.5	17.2	2.2	2.8	25.2	56.4	13.4
地方	1.6	2.6	25.6	55.4	14.8	2.1	3.3	28.6	54.3	11.8
地方教育部门	1.6	2.6	25.6	55.4	14.8	2.1	3.3	28.6	54.3	11.8
地方其他部门	2.3	3.8	26.4	54.4	13.0	2.7	3.6	29.2	53.5	11.1
民办	1.1	4.5	22.5	56.2	15.7	0.0	7.7	0.0	92.3	0.0
总计	1.7	2.6	25.4	55.4	14.9	2.0	3.2	28.0	54.5	12.3

表7-31　按"双一流"建设项目分多学科、跨学科及交叉学科合作培养学生的效果

单位：%

| 高校分类 | 多学科、跨学科及交叉学科合作培养学生的效果 | | | | | | | | | |
| | 2021年 | | | | | 2022年 | | | | |
	没有效果	效果不好	效果一般	效果较好	效果非常好	没有效果	效果不好	效果一般	效果较好	效果非常好
"双一流"建设高校	1.9	2.3	24.3	55.5	16.0	1.7	2.9	25.3	55.2	14.9
其他高校	1.6	2.7	25.9	55.4	14.4	2.1	3.3	28.9	54.2	11.4
总计	1.7	2.6	25.4	55.4	14.9	2.0	3.2	28.0	54.5	12.3

（二）产学研合作创新

1.承担横向课题的情况

表7-32　按高校类型分普通本科高校教师本年度新承担的横向项目情况

单位：%

高校类型	本年度新承担横向项目数量的教师比例									
	2021年					2022年				
	无	1～3项	4～6项	7～9项	10项及以上	无	1～3项	4～6项	7～9项	10项及以上
理工院校	49.7	46.1	3.2	0.5	0.4	56.4	40.6	2.2	0.3	0.5
农林院校	58.2	39.4	1.9	0.2	0.2	60.0	37.6	1.9	0.2	0.3
医药院校	75.0	24.0	0.8	0.2	0.0	77.2	21.7	0.8	0.1	0.2
综合大学	59.6	37.6	2.3	0.2	0.4	64.0	33.8	1.7	0.2	0.3
其他高校	68.8	29.6	1.3	0.1	0.2	71.7	27.3	0.7	0.2	0.1
总计	59.8	37.4	2.2	0.3	0.3	63.6	34.2	1.6	0.2	0.3

表7-33　按高校隶属分普通本科高校教师本年度新承担的横向项目情况

单位：%

高校隶属	本年度新承担横向项目数量的教师比例									
	2021年					2022年				
	无	1～3项	4～6项	7～9项	10项及以上	无	1～3项	4～6项	7～9项	10项及以上
中央	44.1	50.2	4.6	0.6	0.4	49.5	46.2	3.3	0.5	0.5
中央教育部门	42.6	51.4	4.8	0.6	0.5	48.8	46.8	3.3	0.6	0.5
中央其他部门	54.3	41.7	3.4	0.6	0.0	51.8	44.3	3.1	0.2	0.6
地方	62.8	35.0	1.7	0.2	0.3	65.8	32.3	1.4	0.2	0.3
地方教育部门	62.7	35.0	1.7	0.2	0.3	65.4	32.7	1.4	0.2	0.3
地方其他部门	65.1	33.3	1.5	0.0	0.0	76.6	22.1	0.4	0.4	0.5
民办	83.1	15.7	1.1	0.0	0.0	69.2	30.8	0.0	0.0	0.0
总计	59.8	37.4	2.2	0.3	0.3	63.6	34.2	1.6	0.2	0.3

表7-34　按"双一流"建设项目分普通本科高校教师本年度新承担的横向项目情况

单位：%

高校分类	本年度新承担横向项目数量的教师比例									
	2021年					2022年				
	无	1～3项	4～6项	7～9项	10项及以上	无	1～3项	4～6项	7～9项	10项及以上
"双一流"建设高校	51.5	44.0	3.6	0.4	0.4	55.4	41.3	2.5	0.4	0.4
其他高校	63.5	34.4	1.6	0.3	0.2	66.4	31.8	1.3	0.2	0.3
总计	59.8	37.4	2.2	0.3	0.3	63.6	34.2	1.6	0.2	0.3

表7-35　按高校类型分普通本科高校教师本年度新承担的横向项目合同金额情况

单位：%

高校类型	本年度新承担横向项目合同金额的比例									
	2021年					2022年				
	无	小于10万元（不包括10万元）	10万～50万元（不包括50万元）	50万～100万元（不包括100万元）	100万元及以上	无	小于10万元（不包括10万元）	10万～50万元（不包括50万元）	50万～100万元（不包括100万元）	100万元及以上
理工院校	49.1	20.4	20.5	6.2	3.9	56.1	18.2	18.0	4.6	3.2
农林院校	56.7	24.8	15.3	1.9	1.3	59.0	17.5	19.1	2.9	1.6
医药院校	74.1	14.1	9.1	1.6	1.2	77.7	12.4	7.5	1.2	1.3
综合大学	59.3	18.4	16.0	3.6	2.7	63.2	16.1	14.4	3.9	2.3
其他高校	69.5	19.1	9.1	1.5	0.8	71.9	17.8	8.5	1.1	0.8
总计	59.4	19.2	15.3	3.7	2.4	63.3	17.0	14.2	3.2	2.2

表7-36　按高校隶属分普通本科高校教师本年度新承担的横向项目合同金额情况

单位：%

高校隶属	本年度新承担横向项目合同金额的比例									
	2021年					2022年				
	无	小于10万元（不包括10万元）	10万～50万元（不包括50万元）	50万～100万元（不包括100万元）	100万及以上	无	小于10万元（不包括10万元）	10万～50万元（不包括50万元）	50万～100万元（不包括100万元）	100万元及以上
中央	43.0	18.2	24.2	8.5	6.1	48.1	15.7	22.7	7.8	5.8
中央教育部门	41.5	18.9	24.9	8.3	6.4	47.7	15.7	23.0	7.6	5.9
中央其他部门	53.2	13.2	19.0	10.1	4.6	49.3	15.4	21.7	8.5	5.1

续表

高校隶属	本年度新承担横向项目合同金额的比例									
	2021年					2022年				
	无	小于10万元（不包括10万元）	10万～50万元（不包括50万元）	50万～100万元（不包括100万元）	100万及以上	无	小于10万元（不包括10万元）	10万～50万元（不包括50万元）	50万～100万元（不包括100万元）	100万元及以上
地方	62.6	19.4	13.5	2.8	1.7	65.7	17.3	12.9	2.5	1.6
地方教育部门	62.5	19.4	13.6	2.8	1.7	65.3	17.4	13.1	2.5	1.6
地方其他部门	67.0	22.6	9.2	1.1	0.0	75.9	13.2	7.5	1.8	1.6
民办	82.0	12.4	3.4	1.1	1.1	76.9	7.7	15.4	0.0	0.0
总计	59.4	19.2	15.3	3.7	2.4	63.3	17.0	14.2	3.2	2.2

表7-37 按"双一流"建设项目分普通本科高校教师本年度新承担的横向项目合同金额情况

单位：%

高校分类	本年度新承担横向项目合同金额的比例									
	2021年					2022年				
	无	小于10万元（不包括10万元）	10万～50万元（不包括50万元）	50万～100万元（不包括100万元）	100万元及以上	无	小于10万元（不包括10万元）	10万～50万元（不包括50万元）	50万～100万元（不包括100万元）	100万元及以上
"双一流"建设高校	50.9	18.1	20.5	6.2	4.3	54.4	15.5	20.0	6.0	4.1
其他高校	63.3	19.7	12.9	2.6	1.5	66.3	17.5	12.3	2.3	1.5
总计	59.4	19.2	15.3	3.7	2.4	63.3	17.0	14.2	3.2	2.2

2.承担纵向课题的情况

表7-38 按高校类型分普通本科高校教师本年度新承担的纵向项目情况

单位：%

高校类型	本年度新承担纵向项目数量的教师比例									
	2021年					2022年				
	无	1～3项	4～6项	7～9项	10项及以上	无	1～3项	4～6项	7～9项	10项及以上
理工院校	36.2	61.2	2.1	0.1	0.3	42.9	54.3	2.3	0.1	0.3
农林院校	29.8	65.6	4.0	0.2	0.4	34.0	63.4	2.3	0.1	0.3

高校类型	本年度新承担纵向项目数量的教师比例									
	2021年					2022年				
	无	1～3项	4～6项	7～9项	10项及以上	无	1～3项	4～6项	7～9项	10项及以上
医药院校	40.0	56.9	2.8	0.3	0.0	39.7	57.7	2.4	0.1	0.1
综合大学	35.9	61.5	2.3	0.1	0.2	39.3	58.0	2.4	0.2	0.2
其他高校	41.9	56.0	1.8	0.1	0.2	41.1	57.0	1.6	0.2	0.1
总计	37.4	59.9	2.3	0.2	0.3	40.7	56.7	2.2	0.2	0.2

表7-39　按高校隶属分普通本科高校教师本年度新承担的纵向项目情况

单位：%

高校隶属	本年度新承担纵向项目数量的教师比例									
	2021年					2022年				
	无	1～3项	4～6项	7～9项	10项及以上	无	1～3项	4～6项	7～9项	10项及以上
中央	33.8	62.7	2.9	0.1	0.5	29.4	66.7	3.5	0.2	0.2
中央教育部门	34.7	62.1	2.6	0.1	0.5	29.1	67.3	3.3	0.1	0.3
中央其他部门	27.3	67.0	5.2	0.0	0.6	30.7	64.7	4.0	0.6	0.0
地方	38.0	59.5	2.2	0.2	0.2	42.5	55.1	2.0	0.1	0.2
地方教育部门	38.0	59.5	2.2	0.2	0.2	42.5	55.2	2.0	0.1	0.2
地方其他部门	37.5	60.2	2.3	0.0	0.0	43.1	55.1	1.6	0.2	0.0
民办	52.8	41.6	4.5	0.0	1.1	38.5	61.5	0.0	0.0	0.0
总计	37.4	59.9	2.3	0.2	0.3	40.7	56.7	2.2	0.2	0.2

表7-40　按"双一流"建设项目分普通本科高校教师本年度新承担的纵向项目情况

单位：%

高校分类	本年度新承担纵向项目数量的教师比例									
	2021年					2022年				
	无	1～3项	4～6项	7～9项	10项及以上	无	1～3项	4～6项	7～9项	10项及以上
"双一流"建设高校	34.9	61.9	2.7	0.1	0.4	31.7	64.7	3.2	0.2	0.2
其他高校	38.5	59.0	2.1	0.2	0.2	43.7	54.1	1.9	0.1	0.2
总计	37.4	59.9	2.3	0.2	0.3	40.7	56.7	2.2	0.2	0.2

表7-41　按高校类型分普通本科高校教师本年度新承担的纵向项目合同金额情况

单位：%

| 高校类型 | 本年度新承担纵向项目合同金额的比例 | | | | | | | | | |
| | 2021年 | | | | | 2022年 | | | | |
	无	小于10万元（不包括10万元）	10万~50万元（不包括50万元）	50万~100万元（不包括100万元）	100万元及以上	无	小于10万元（不包括10万元）	10万~50万元（不包括50万元）	50万~100万元（不包括100万元）	100万元及以上
理工院校	36.1	29.5	24.4	6.8	3.2	43.0	28.6	19.7	5.2	3.4
农林院校	30.1	28.1	29.6	8.7	3.5	32.9	25.2	28.2	9.1	4.6
医药院校	39.9	30.1	21.7	6.3	2.0	37.9	31.7	23.0	5.9	1.5
综合大学	36.0	28.6	24.8	7.7	2.8	39.2	26.3	23.5	7.5	3.6
其他高校	42.1	34.7	19.4	3.2	0.7	40.9	35.8	19.5	3.1	0.8
总计	37.4	30.4	23.4	6.3	2.5	40.5	29.6	21.5	5.6	2.8

表7-42　按高校隶属分普通本科高校教师本年度新承担的纵向项目合同金额情况

单位：%

| 高校隶属 | 本年度新承担纵向项目合同金额的比例 | | | | | | | | | |
| | 2021年 | | | | | 2022年 | | | | |
	无	小于10万元（不包括10万元）	10万~50万元（不包括50万元）	50万~100万元（不包括100万元）	100万元及以上	无	小于10万元（不包括10万元）	10万~50万元（不包括50万元）	50万~100万元（不包括100万元）	100万元及以上
中央	31.4	19.6	28.3	13.0	7.6	27.7	18.8	28.6	13.9	11.0
中央教育部门	32.0	19.7	28.6	12.8	6.9	27.6	18.3	29.1	14.5	10.5
中央其他部门	27.6	19.0	26.4	14.9	12.1	27.9	20.4	27.0	11.9	12.7
地方	38.4	32.5	22.6	5.0	1.4	42.5	31.3	20.4	4.3	1.5
地方教育部门	38.5	32.3	22.8	5.0	1.4	42.4	31.0	20.7	4.4	1.5
地方其他部门	38.3	45.6	12.3	3.4	0.4	44.4	41.7	11.4	1.8	0.7
民办	57.3	33.7	3.4	3.4	2.2	30.8	23.1	38.5	7.7	0.0
总计	37.4	30.4	23.4	6.3	2.5	40.5	29.6	21.5	5.6	2.8

表7-43 按"双一流"建设项目分普通本科高校教师本年度新承担的纵向项目合同金额情况

单位：%

高校分类	本年度新承担纵向项目合同金额的比例									
	2021年					2022年				
	无	小于10万元（不包括10万元）	10万～50万元（不包括50万元）	50万～100万元（不包括100万元）	100万元及以上	无	小于10万元（不包括10万元）	10万～50万元（不包括50万元）	50万～100万元（不包括100万元）	100万元及以上
"双一流"建设高校	33.5	22.1	28.5	10.7	5.2	30.2	21.0	29.6	11.6	7.6
其他高校	39.2	34.2	21.1	4.3	1.2	43.9	32.5	18.8	3.6	1.2
总计	37.4	30.4	23.4	6.3	2.5	40.5	29.6	21.5	5.6	2.8

3.开展科研创新的情况

表7-44 按高校类型分普通本科高校教师与政府部门、企业或事业单位合作开展科研创新的情况

单位：%

高校类型	高校教师与政府部门、企业或事业单位合作开展科研创新的情况										
	2021年					2022年					
	产品研发	工艺、技术改进	专业咨询服务	其他类型的合作	未开展过合作	技术及产品研发	工艺、技术改进	科技成果应用和转化	专业咨询服务	其他类型的合作	未开展过合作
理工院校	30.2	25.7	33.5	14.1	26.2	34.4	14.8	16.4	27.2	10.3	29.4
农林院校	23.0	21.5	36.2	17.7	30.8	33.1	11.6	18.4	30.9	10.6	29.4
医药院校	17.9	13.5	19.9	15.7	48.9	19.9	8.2	15.6	17.9	10.2	48.5
综合大学	23.3	18.5	32.5	16.2	34.0	29.1	11.8	17.0	25.7	10.5	35.4
其他高校	12.9	8.9	32.8	17.4	43.0	14.6	5.7	12.6	30.6	14.4	43.0
总计	22.9	18.7	31.6	15.7	34.7	27.5	11.3	15.8	27.0	11.2	35.5

注：因调查题目为多选题，所以有叠加项，各项占比相加不为100%。下同。

表7-45　按高校隶属分普通本科高校教师与政府部门、企业或事业单位合作开展科研创新的情况

单位：%

高校隶属	高校教师与政府部门、企业或事业单位合作开展科研创新的情况										
	2021年					2022年					
	产品研发	工艺、技术改进	专业咨询服务	其他类型的合作	未开展过合作	技术及产品研发	工艺、技术改进	科技成果应用和转化	专业咨询服务	其他类型的合作	未开展过合作
中央	31.1	23.7	33.7	13.3	27.1	38.1	11.5	20.7	30.3	8.8	26.0
中央教育部门	31.1	23.9	34.2	13.1	27.0	36.9	10.6	20.9	31.6	9.1	25.9
中央其他部门	30.7	22.1	30.7	14.1	27.6	42.6	14.5	20.0	25.7	7.7	26.3
地方	21.4	17.7	31.2	21.4	36.2	25.8	11.3	15.0	26.5	11.6	36.9
地方教育部门	21.4	17.8	31.1	16.1	36.2	26.1	11.3	15.2	26.5	11.4	36.8
地方其他部门	17.2	11.9	35.2	21.5	36.0	20.1	11.1	11.8	24.2	16.4	39.8
民办	9.0	14.6	31.5	16.9	47.2	7.7	15.4	15.4	15.4	23.1	46.2
总计	22.9	18.7	31.6	15.7	34.7	27.5	11.3	15.8	27.0	11.2	35.5

表7-46　按"双一流"建设项目分普通本科高校教师与政府部门、企业或事业单位合作
开展科研创新的情况

单位：%

高校分类	高校教师与政府部门、企业或事业单位合作开展科研创新的情况										
	2021年					2022年					
	产品研发	工艺、技术改进	专业咨询服务	其他类型的合作	未开展过合作	技术及产品研发	工艺、技术改进	科技成果应用和转化	专业咨询服务	其他类型的合作	未开展过合作
"双一流"建设高校	28.0	21.4	33.2	14.3	30.0	33.9	10.7	19.8	29.7	9.9	28.8
其他高校	20.6	17.4	30.9	16.4	36.8	25.4	11.5	14.5	26.1	11.7	37.7
总计	22.9	18.7	31.6	15.7	34.7	27.5	11.3	15.8	27.0	11.2	35.5

表7-47 按高校类型分普通本科高校教师参与跨学科、交叉学科或多学科合作的科研项目情况

单位：%

高校类型	高校教师参与跨学科、交叉学科或多学科合作的科研项目情况									
	2021年					2022年				
	从不	偶尔	有时	较多	经常	从不	偶尔	有时	较多	经常
理工院校	14.3	38.9	27.1	15.4	4.3	17.4	41.8	25.3	12.4	3.1
农林院校	14.7	38.9	28.0	13.7	4.8	15.4	43.0	26.0	12.5	3.2
医药院校	19.1	40.6	23.3	13.0	4.0	20.6	40.5	23.1	12.5	3.3
综合大学	17.3	39.1	24.2	15.2	4.3	18.0	40.6	25.5	12.3	3.6
其他高校	21.2	42.3	22.2	12.0	2.3	21.4	42.8	23.3	10.1	2.4
总计	17.1	39.9	25.0	14.2	3.8	18.6	41.7	24.8	11.9	3.1

表7-48 按高校隶属分普通本科高校教师参与跨学科、交叉学科或多学科合作的科研项目情况

单位：%

高校隶属	高校教师参与跨学科、交叉学科或多学科合作的科研项目情况									
	2021年					2022年				
	从不	偶尔	有时	较多	经常	从不	偶尔	有时	较多	经常
中央	13.6	35.2	27.5	17.7	6.0	11.6	35.3	30.5	17.2	5.6
中央教育部门	14.0	35.1	27.6	17.4	5.9	11.2	35.2	31.0	16.9	5.7
中央其他部门	10.6	36.5	27.3	19.3	6.3	12.9	35.7	28.5	18.0	5.0
地方	17.7	40.8	24.5	13.5	3.4	19.7	42.7	23.9	11.1	2.7
地方教育部门	17.7	40.7	24.6	13.6	3.4	19.5	42.6	23.9	11.2	2.7
地方其他部门	15.3	46.7	22.2	12.6	3.1	25.1	44.6	22.5	6.4	1.4
民办	29.2	41.6	14.6	11.2	3.4	15.4	38.5	30.8	15.4	0.0
总计	17.1	39.9	25.0	14.2	3.8	18.6	41.7	24.8	11.9	3.1

表7-49 按"双一流"建设项目分普通本科高校教师参与跨学科、交叉学科或多学科
合作的科研项目情况

单位：%

高校分类	高校教师参与跨学科、交叉学科或多学科合作的科研项目情况									
	2021年					2022年				
	从不	偶尔	有时	较多	经常	从不	偶尔	有时	较多	经常
"双一流"建设高校	14.5	36.9	26.6	16.8	5.2	13.3	37.4	28.6	16.0	4.7
其他高校	18.2	41.2	24.2	13.1	3.2	20.3	43.1	23.5	10.5	2.5
总计	17.1	39.9	25.0	14.2	3.8	18.6	41.7	24.8	11.9	3.1

表7-50 按高校类型分普通本科高校教师与国外学者合作开展科研工作情况

单位：%

高校类型	高校教师与国外学者合作开展科研工作情况									
	2021年					2022年				
	从不	偶尔	有时	较多	经常	从不	偶尔	有时	较多	经常
理工院校	44.6	29.7	15.7	7.4	2.6	50.5	27.6	14.1	5.7	2.1
农林院校	45.4	31.2	15.2	5.7	2.4	49.4	27.8	16.1	5.0	1.7
医药院校	60.0	24.4	10.3	3.6	1.7	61.0	24.5	10.6	2.9	1.1
综合大学	46.9	26.9	15.4	7.6	3.2	46.6	27.2	16.2	7.5	2.5
其他高校	53.7	26.3	12.9	4.8	2.3	55.1	25.2	13.0	4.8	2.0
总计	49.1	27.8	14.3	6.3	2.5	51.5	26.7	14.2	5.6	2.1

表7-51 按高校隶属分普通本科高校教师与国外学者合作开展科研工作情况

单位：%

高校隶属	高校教师与国外学者合作开展科研工作情况									
	2021年					2022年				
	从不	偶尔	有时	较多	经常	从不	偶尔	有时	较多	经常
中央	31.9	31.8	20.0	11.6	4.7	28.6	31.9	23.3	11.7	4.5
中央教育部门	32.1	32.7	19.7	10.9	4.6	28.4	32.0	23.1	11.9	4.6
中央其他部门	30.2	25.6	21.8	16.4	6.0	29.6	31.3	23.7	11.2	4.2
地方	52.4	27.1	13.2	5.2	2.1	55.0	25.9	12.7	4.6	1.7
地方教育部门	52.2	27.2	13.3	5.3	2.1	54.4	26.2	12.9	4.7	1.7
地方其他部门	61.7	24.9	10.0	3.1	0.4	70.9	19.4	7.5	1.4	0.7
民办	73.0	14.6	6.7	4.5	1.1	46.2	15.4	15.4	15.4	7.7
总计	49.1	27.8	14.3	6.3	2.5	51.5	26.7	14.2	5.6	2.1

表7-52　按"双一流"建设项目分普通本科高校教师与国外学者合作开展科研工作情况

单位：%

高校分类	高校教师与国外学者合作开展科研工作情况									
	2021年					2022年				
	从不	偶尔	有时	较多	经常	从不	偶尔	有时	较多	经常
"双一流"建设高校	37.5	30.4	18.3	10.0	3.9	33.6	31.2	21.1	10.0	4.1
其他高校	54.4	26.7	12.5	4.6	1.9	57.4	25.3	11.9	4.1	1.4
总计	49.1	27.8	14.3	6.3	2.5	51.5	26.7	14.2	5.6	2.1

（三）创新成果转化情况

表7-53　按高校类型分普通本科高校教师创新成果转化的情况

单位：%

高校类型	2021年				2022年			
	创新成果实现转化的情况		创新成果需要转化的情况		创新成果实现转化的情况		创新成果需要转化的情况	
	有	没有	有	没有	有	没有	有	没有
理工院校	9.0	91.0	36.3	63.7	8.6	91.4	33.4	66.6
农林院校	6.7	93.3	33.1	66.9	7.1	92.9	32.0	68.0
医药院校	3.6	96.4	23.9	76.1	4.7	95.3	23.3	76.7
综合大学	6.8	93.2	29.8	70.2	6.9	93.1	29.3	70.7
其他高校	4.9	95.1	17.6	82.4	4.0	96.0	15.6	84.4
总计	6.8	93.2	29.1	70.9	6.7	93.3	27.6	72.4

表7-54　按高校隶属分普通本科高校教师创新成果转化的情况

单位：%

高校隶属	2021年				2022年			
	创新成果实现转化的情况		创新成果需要转化的情况		创新成果实现转化的情况		创新成果需要转化的情况	
	有	没有	有	没有	有	没有	有	没有
中央	9.1	90.9	36.9	63.1	8.6	91.4	36.5	63.5
中央教育部门	9.3	90.7	37.0	63.0	8.0	92.0	35.6	64.4
中央其他部门	8.0	92.0	36.2	63.8	11.0	89.0	39.7	60.3
地方	6.3	93.7	27.6	72.4	6.4	93.6	26.2	73.8
地方教育部门	6.4	93.6	27.7	72.3	6.5	93.5	26.5	73.5
地方其他部门	2.7	97.3	19.2	80.8	5.3	94.7	20.0	80.0
民办	4.5	95.5	14.6	85.4	7.7	92.3	23.1	76.9
总计	6.8	93.2	29.1	70.9	6.7	93.3	27.6	72.4

表7-55　按"双一流"建设项目分普通本科高校教师创新成果转化的情况

单位：%

高校分类	2021年				2022年			
	创新成果实现转化的情况		创新成果需要转化的情况		创新成果实现转化的情况		创新成果需要转化的情况	
	有	没有	有	没有	有	没有	有	没有
"双一流"建设高校	8.0	92.0	34.2	65.8	7.5	92.5	34.4	65.6
其他高校	6.2	93.8	26.7	73.3	6.5	93.5	25.4	74.6
总计	6.8	93.2	29.1	70.9	6.7	93.3	27.6	72.4

表7-56　按高校类型分普通本科高校教师专利、技术成果转化的主要渠道

单位：%

高校类型	高校教师专利、技术成果转化的主要渠道									
	2021年					2022年				
	自己寻找的渠道	学校科技成果转化平台	学校以外的第三方机构平台	政府公共平台	其他	自己寻找的渠道	学校科技成果转化平台	学校以外的第三方机构平台	政府公共平台	其他
理工院校	66.5	43.2	19.9	8.8	3.5	69.7	38.3	22.5	6.3	4.2
农林院校	63.9	38.6	14.5	12.0	7.2	69.1	37.2	20.2	9.6	3.2

高校类型	高校教师专利、技术成果转化的主要渠道									
	2021年					2022年				
	自己寻找的渠道	学校科技成果转化平台	学校以外的第三方机构平台	政府公共平台	其他	自己寻找的渠道	学校科技成果转化平台	学校以外的第三方机构平台	政府公共平台	其他
医药院校	66.7	50.7	29.3	1.3	1.3	67.1	29.1	26.6	6.3	5.1
综合大学	67.9	39.1	20.6	5.8	4.1	66.7	37.2	19.6	6.7	3.9
其他高校	63.8	27.0	26.4	8.0	6.3	64.5	33.6	21.7	9.2	9.9
总计	66.2	39.9	21.3	7.8	4.2	68.1	36.7	21.8	7.0	4.8

表7-57　按高校隶属分普通本科高校教师专利、技术成果转化的主要渠道

单位：%

高校隶属	高校教师专利、技术成果转化的主要渠道									
	2021年					2022年				
	自己寻找的渠道	学校科技成果转化平台	学校以外的第三方机构平台	政府公共平台	其他	自己寻找的渠道	学校科技成果转化平台	学校以外的第三方机构平台	政府公共平台	其他
中央	66.0	45.2	16.0	10.0	3.6	67.6	37.6	17.1	6.2	3.8
中央教育部门	67.6	44.6	16.2	9.9	4.1	68.0	38.7	18.0	5.3	4.7
中央其他部门	53.6	50.0	14.3	10.7	0.0	66.7	35.0	15.0	8.3	1.7
地方	66.2	38.4	22.9	7.2	4.4	68.2	36.6	22.7	7.2	5.0
地方教育部门	66.2	38.7	22.8	7.2	4.3	68.4	36.7	22.6	7.0	4.6
地方其他部门	71.4	0.0	28.6	0.0	14.3	63.3	33.3	26.7	13.3	16.7
民办	75.0	50.0	0.0	0.0	0.0	100.0	0.0	100.0	0.0	0.0
总计	66.2	39.9	21.3	7.8	4.2	68.1	36.7	21.8	7.0	4.8

表7-58　按"双一流"建设项目分普通本科高校教师专利、技术成果转化的主要渠道

单位：%

高校分类	高校教师专利、技术成果转化的主要渠道									
	2021年					2022年				
	自己寻找的渠道	学校科技成果转化平台	学校以外的第三方机构平台	政府公共平台	其他	自己寻找的渠道	学校科技成果转化平台	学校以外的第三方机构平台	政府公共平台	其他
"双一流"建设高校	65.5	44.4	18.8	9.4	3.9	67.9	38.4	17.9	8.9	3.6
其他高校	66.7	37.3	22.7	6.8	4.4	68.2	36.1	23.3	6.3	5.3
总计	66.2	39.9	21.3	7.8	4.2	68.1	36.7	21.8	7.0	4.8

表7-59　按高校类型分普通本科高校教师技术成果转化的主要方式

单位：%

高校类型	高校教师技术成果转化的主要方式											
	2021年						2022年					
	专利转让	技术许可	股权+现金	作价入股	成立企业	其他	专利转让	技术许可	股权+现金	作价入股	成立企业	其他
理工院校	56.3	44.7	6.8	4.6	6.6	10.7	60.2	42.3	4.5	4.2	6.2	11.5
农林院校	61.4	43.4	1.2	2.4	2.4	15.7	51.1	48.9	5.3	0.0	3.2	14.9
医药院校	56.0	36.0	1.3	5.3	6.7	13.3	58.2	32.9	0.0	5.3	6.3	15.2
综合大学	55.6	46.9	3.7	5.3	10.3	13.2	61.4	40.0	5.3	4.2	7.7	12.6
其他高校	47.1	37.4	8.0	4.6	5.2	23.0	42.1	33.6	10.5	5.3	6.6	27.6
总计	42.6	33.6	4.3	3.6	5.3	10.6	57.4	40.5	5.2	3.7	6.4	14.3

表7-60　按高校隶属分普通本科高校教师技术成果转化的主要方式

单位：%

高校隶属	高校教师技术成果转化的主要方式											
	2021年						2022年					
	专利转让	技术许可	股权+现金	作价入股	成立企业	其他	专利转让	技术许可	股权+现金	作价入股	成立企业	其他
中央	54.4	52.4	6.8	7.2	8.4	10.0	53.3	44.3	3.3	3.8	9.5	13.8
中央教育部门	53.6	53.2	7.2	6.8	8.1	10.4	52.0	42.0	4.0	3.3	10.7	16.0
中央其他部门	60.7	46.4	3.6	10.7	10.7	7.1	56.7	50.0	1.7	5.0	6.7	8.3
地方	55.3	40.6	5.2	3.8	6.5	14.8	58.2	39.8	5.6	3.7	5.7	14.4
地方教育部门	55.6	40.6	5.0	3.8	6.3	14.7	58.9	39.8	5.5	3.6	5.7	14.0
地方其他部门	14.3	42.9	28.6	0.0	28.6	28.6	36.7	40.0	10.0	6.7	6.7	26.7

高校隶属	高校教师技术成果转化的主要方式											
	2021年						2022年					
	专利转让	技术许可	股权+现金	作价入股	成立企业	其他	专利转让	技术许可	股权+现金	作价入股	成立企业	其他
民办	50.0	75.0	0.0	25.0	0.0	0.0	100.0	0.0	0.0	0.0	0.0	0.0
总计	42.6	33.6	4.3	3.6	5.3	10.6	57.4	40.5	5.2	3.7	6.4	14.3

表7-61 按"双一流"建设项目分普通本科高校教师技术成果转化的主要方式

单位：%

高校分类	高校教师技术成果转化的主要方式											
	2021年						2022年					
	专利转让	技术许可	股权+现金	作价入股	成立企业	其他	专利转让	技术许可	股权+现金	作价入股	成立企业	其他
"双一流"建设高校	54.8	49.8	6.3	6.3	9.4	11.1	53.6	44.6	5.1	5.1	8.9	13.4
其他高校	55.2	39.6	5.1	3.7	5.4	15.2	58.9	39.0	5.3	3.2	5.4	14.6
总计	42.6	33.6	4.3	3.6	5.3	10.6	57.4	40.5	5.2	3.7	6.4	14.3

（四）创新环境

1.压力来源情况

表7-62 按高校类型分普通本科高校教师学术生活的压力来源情况

单位：%

高校类型	学术生活的压力来源											
	2021年						2022年					
	科研	教学	指导学生	处理人际关系	事务性工作[①]	其他	科研	教学	指导学生	处理人际关系	事务性工作	其他
理工院校	76.8	42.6	32.1	20.7	50.9	3.7	74.9	44.9	30.1	22.8	51.2	3.3
农林院校	75.0	40.8	33.5	24.4	53.6	3.8	77.0	44.1	35.0	24.6	50.9	3.5
医药院校	80.6	37.9	30.0	19.8	50.4	3.3	79.5	42.5	31.2	21.3	48.7	3.8
综合大学	77.1	41.1	31.2	20.4	52.4	5.0	76.6	42.0	32.0	22.4	48.7	4.0
其他高校	76.5	41.1	27.5	19.2	53.2	3.6	76.3	43.5	30.0	19.1	53.2	3.9
总计	77.2	41.2	30.8	20.5	51.9	3.9	76.2	43.6	31.0	21.9	50.8	3.7

---

① 包括处理课题报销及其他各种事务性工作。下同。

表7-63　按高校隶属分普通本科高校教师学术生活的压力来源情况

单位：%

高校隶属	学术生活的压力来源											
	2021年						2022年					
	科研	教学	指导学生	处理人际关系	事务性工作	其他	科研	教学	指导学生	处理人际关系	事务性工作	其他
中央	79.3	39.4	34.4	21.8	47.3	4.6	78.7	41.3	34.2	22.7	46.0	5.2
中央教育部门	79.7	39.6	34.2	22.0	47.3	4.4	79.9	41.8	34.5	22.1	46.4	5.5
中央其他部门	76.4	37.9	35.9	20.4	47.7	6.6	74.6	39.5	33.3	24.6	44.7	4.0
地方	76.8	41.5	30.1	20.2	52.8	3.8	75.8	44.0	30.5	21.8	51.6	3.4
地方教育部门	76.8	41.5	30.2	20.3	52.6	3.7	75.8	43.7	30.5	21.9	51.5	3.5
地方其他部门	75.5	42.1	24.5	16.1	64.4	5.4	75.4	54.4	30.3	18.9	52.9	1.6
民办	73.0	55.1	24.7	15.7	51.7	3.4	84.6	23.1	30.8	30.8	46.2	7.7
总计	77.2	41.2	30.8	20.5	51.9	3.9	76.2	43.6	31.0	21.9	50.8	3.7

表7-64　按"双一流"建设项目分普通本科高校教师学术生活的压力来源情况

单位：%

高校分类	学术生活的压力来源											
	2021年						2022年					
	科研	教学	指导学生	处理人际关系	事务性工作	其他	科研	教学	指导学生	处理人际关系	事务性工作	其他
"双一流"建设高校	77.5	39.7	34.5	20.7	50.4	4.6	77.9	41.2	35.1	23.0	48.9	4.8
其他高校	77.0	41.9	29.1	20.3	52.6	3.6	75.6	44.5	29.6	21.6	51.4	3.3
总计	77.2	41.2	30.8	20.5	51.9	3.9	76.2	43.6	31.0	21.9	50.8	3.7

2.职称评聘情况

表7-65　普通本科高校教师对职称评聘影响因素重要性的评价

影响因素	2021年					2022年				
	完全不重要	较不重要	一般重要	比较重要	非常重要	完全不重要	较不重要	一般重要	比较重要	非常重要
师德师风	1.1	2.8	9.3	20.7	66.2	1.2	2.7	8.3	20.1	67.7
教学成果奖	0.9	2.9	15.5	41.5	39.2	1.0	2.7	15.8	41.0	39.5
指导学生获得技能大赛、创新创业大赛奖项	1.7	5.9	24.7	41.2	26.5	1.7	5.3	23.9	41.2	28.0

影响因素	2021年					2022年				
	完全不重要	较不重要	一般重要	比较重要	非常重要	完全不重要	较不重要	一般重要	比较重要	非常重要
课堂教学评价结果	2.2	7.0	23.1	37.1	30.6	2.6	6.9	23.4	37.9	29.2
论文发表数量	0.7	2.7	14.2	36.8	45.6	0.8	2.8	15.1	36.8	44.5
论文影响因子及引用率	1.8	4.5	17.7	37.5	38.5	1.7	4.7	19.1	37.0	37.4
论文的理论价值和社会贡献	4.1	8.8	25.0	34.7	27.5	4.3	8.4	25.1	36.3	25.9
纵向科研项目数量与金额	0.6	1.9	11.3	33.4	52.8	0.8	2.3	12.4	33.6	50.9
横向科研项目数量与金额	2.3	8.8	28.2	36.1	24.6	2.4	8.3	28.1	35.7	25.5
专利数量	4.0	11.6	36.7	32.7	15.1	4.2	11.4	36.1	32.6	15.8
专利的经济价值和社会贡献	4.9	11.9	31.2	33.0	18.9	5.2	11.3	31.4	33.2	18.9
专著数量	2.2	8.7	33.7	36.6	18.8	2.2	8.4	34.4	36.4	18.6
专著的学术学平	3.7	9.5	28.8	35.0	23.1	3.8	9.3	29.1	34.8	22.9
科研成果奖	0.6	1.5	11.3	36.4	50.1	0.6	2.0	12.4	36.8	48.2
各类人才"帽子"	2.1	4.8	17.3	30.7	45.1	2.3	4.3	16.8	30.4	46.2
技术成果转让应用情况	2.7	8.1	30.1	37.6	21.4	2.8	7.5	30.2	37.5	21.9
行业、企业工作或实践经历	9.9	19.1	35.7	23.8	11.4	9.8	16.7	36.0	25.5	11.9
高水平的社会兼职	8.5	19.3	36.5	24.7	11.0	8.1	17.4	36.7	26.6	11.1
任职资历	6.1	15.4	34.5	30.1	13.9	6.6	13.9	35.0	30.8	13.8
科学普及、科学传播活动	11.0	21.9	36.4	21.5	9.2	10.7	19.3	37.1	23.1	9.7
跨学科、交叉学科领域的活动与贡献	9.3	20.4	35.9	23.8	10.6	8.8	18.2	36.5	25.5	11.0
人际关系	5.5	14.0	32.9	29.7	17.9	5.2	12.5	32.0	30.6	19.7

表7-66　按高校类型分普通本科高校教师所在院校职称评定情况

单位：%

年份	高校类型	是否设置职称评定"绿色通道"			是否设置青年科技人才的特别支持和引导计划			是否存在过于重视论文发表数量的现象		
		是	否	不清楚	是	否	不清楚	是	否	不清楚
2021	理工院校	49.9	8.9	41.2	67.4	7.1	25.5	26.2	51.4	22.3
	农林院校	53.0	10.8	36.2	66.2	9.1	24.7	27.9	50.5	21.6
	医药院校	49.4	6.9	43.7	71.4	5.8	22.7	26.7	47.2	26.1
	综合大学	47.1	8.1	44.9	62.6	7.7	29.6	30.9	46.5	22.6
	其他高校	42.8	10.3	46.9	56.2	8.3	35.5	32.9	42.3	24.9
	总计	47.9	8.9	43.2	64.4	7.5	28.1	28.9	47.8	23.3
2022	理工院校	48.2	9.3	42.5	62.7	7.5	29.8	27.8	47.0	25.2
	农林院校	55.1	7.7	37.1	68.1	6.3	25.6	24.5	51.8	23.7
	医药院校	51.5	7.3	41.2	75.0	4.1	20.9	26.9	48.7	24.4
	综合大学	46.7	8.0	45.3	63.1	6.9	30.0	29.2	45.7	25.1
	其他高校	38.8	10.1	51.0	53.1	9.0	37.8	31.9	41.1	27.0
	总计	46.7	8.9	44.4	62.3	7.3	30.4	28.7	46.0	25.4

表7-67　按高校隶属分普通本科高校教师所在院校职称评定情况

单位：%

年份	高校隶属	是否设置职称评定"绿色通道"			是否设置青年科技人才的特别支持和引导计划			是否存在过于重视论文发表数量的现象		
		是	否	不清楚	是	否	不清楚	是	否	不清楚
2021	中央	45.6	7.8	46.6	70.9	4.5	24.7	28.2	49.7	22.1
	中央教育部门	45.0	7.9	47.0	69.9	4.7	25.4	29.7	48.0	22.3
	中央其他部门	49.7	6.9	43.4	77.3	2.6	20.1	17.5	61.5	21.0
	地方	48.5	9.1	42.4	63.2	8.1	28.7	29.1	47.4	23.6
	地方教育部门	48.8	9.2	42.1	63.3	8.1	28.6	29.1	47.5	23.4
	地方其他部门	35.6	6.5	57.9	55.6	6.9	37.5	30.3	38.7	31.0
	民办	31.5	7.9	60.7	50.6	11.2	38.2	16.9	52.8	30.3
	总计	47.9	8.9	43.2	64.4	7.5	28.1	28.9	47.8	23.3

年份	高校隶属	是否设置职称评定"绿色通道"			是否设置青年科技人才的特别支持和引导计划			是否存在过于重视论文发表数量的现象		
		是	否	不清楚	是	否	不清楚	是	否	不清楚
2022	中央	50.1	6.9	43.0	72.0	4.2	23.9	25.4	52.2	22.4
	中央教育部门	48.5	6.8	44.7	71.7	4.0	24.2	24.7	52.9	22.4
	中央其他部门	55.7	7.0	37.3	72.8	4.6	22.6	27.8	49.8	22.4
	地方	46.2	9.2	44.6	60.8	7.8	31.4	29.2	45.0	25.8
	地方教育部门	46.2	9.1	44.6	61.1	7.7	31.3	29.2	45.1	25.6
	地方其他部门	44.9	10.2	44.9	54.5	9.8	35.7	28.0	40.1	31.9
	民办	15.4	15.4	69.2	53.8	15.4	30.8	15.4	69.2	15.4
	总计	46.7	8.9	44.4	62.3	7.3	30.4	28.7	46.0	25.4

表7-68 按"双一流"建设项目分普通本科高校教师所在院校职称评定情况

单位：%

年份	高校分类	是否设置职称评定"绿色通道"			是否设置青年科技人才的特别支持和引导计划			是否存在过于重视论文发表数量的现象		
		是	否	不清楚	是	否	不清楚	是	否	不清楚
2021	"双一流"建设高校	47.8	7.4	44.8	68.8	5.6	25.6	29.1	48.3	22.6
	其他高校	48.0	9.6	42.4	62.4	8.4	29.3	28.8	47.5	23.7
	总计	47.9	8.9	43.2	64.4	7.5	28.1	28.9	47.8	23.3
2022	"双一流"建设高校	49.5	7.3	43.2	70.6	5.1	24.3	26.7	50.0	23.3
	其他高校	45.8	9.4	44.9	59.6	8.0	32.4	29.3	44.6	26.0
	总计	46.7	8.9	44.4	62.3	7.3	30.4	28.7	46.0	25.4

3.科研工作服务情况

表7-69 按高校类型分普通本科高校教师所在学校在科研经费改革方面的举措力度

单位：%

高校类型	所在学校在科研经费改革方面的举措力度									
	2021年					2022年				
	几乎没有	比较小	一般	比较大	非常大	几乎没有	比较小	一般	比较大	非常大
理工院校	4.4	11.3	43.7	35.3	5.3	5.3	13.0	45.3	31.6	4.8
农林院校	5.3	15.2	45.0	29.4	5.0	4.4	10.2	47.4	33.0	5.0
医药院校	3.7	9.8	41.8	37.6	7.0	3.0	9.9	43.5	37.7	6.0

续表

高校类型	所在学校在科研经费改革方面的举措力度									
	2021年					2022年				
	几乎没有	比较小	一般	比较大	非常大	几乎没有	比较小	一般	比较大	非常大
综合大学	5.3	12.6	44.1	33.3	4.8	5.1	12.8	48.0	29.7	4.5
其他高校	5.4	14.1	45.5	31.0	4.0	5.6	14.4	46.3	29.3	4.4
总计	4.8	12.3	44.1	33.8	5.1	5.0	12.8	46.1	31.3	4.7

表7-70 按高校隶属分普通本科高校教师所在学校在科研经费改革方面的举措力度

单位：%

高校隶属	所在学校在科研经费改革方面的举措力度									
	2021年					2022年				
	几乎没有	比较小	一般	比较大	非常大	几乎没有	比较小	一般	比较大	非常大
中央	4.5	10.2	42.1	37.2	6.0	4.1	11.0	44.5	35.6	4.8
中央教育部门	4.4	10.5	42.5	36.7	6.0	4.0	10.8	45.0	35.7	4.6
中央其他部门	5.5	8.0	39.4	41.1	6.0	4.4	11.8	42.8	35.3	5.7
地方	4.8	12.7	44.5	33.1	4.9	5.2	13.1	46.4	30.7	4.7
地方教育部门	4.8	12.8	44.4	33.2	4.9	5.3	13.1	46.2	30.7	4.7
地方其他部门	5.0	11.9	48.7	29.1	5.4	3.4	12.3	49.9	29.8	4.6
民办	4.5	10.1	41.6	33.7	10.1	0.0	7.7	46.2	30.8	15.4
总计	4.8	12.3	44.1	33.8	5.1	5.0	12.8	46.1	31.3	4.7

表7-71 按"双一流"建设项目分普通本科高校教师所在学校在科研经费改革方面的举措力度

单位：%

高校分类	所在学校在科研经费改革方面的举措力度									
	2021年					2022年				
	几乎没有	比较小	一般	比较大	非常大	几乎没有	比较小	一般	比较大	非常大
"双一流"建设高校	4.8	11.1	43.5	35.3	5.3	4.2	11.7	44.8	34.5	4.8
其他高校	4.7	12.9	44.3	33.1	5.0	5.3	13.1	46.6	30.3	4.7
总计	4.8	12.3	44.1	33.8	5.1	5.0	12.8	46.1	31.3	4.7

表7-72　按高校类型分普通本科高校教师所在学校科研项目经费报销流程和时效性

单位：%

高校类型	高校教师所在学校科研项目经费报销流程和时效性									
	2021年					2022年				
	非常不满意	比较不满意	一般	比较满意	非常满意	非常不满意	比较不满意	一般	比较满意	非常满意
理工院校	5.2	10.8	37.4	39.6	7.1	6.7	11.6	40.2	35.3	6.2
农林院校	6.7	10.6	37.1	37.8	7.8	3.7	9.5	37.5	41.2	8.2
医药院校	3.9	8.0	36.4	42.3	9.3	3.8	9.9	35.8	41.3	9.1
综合大学	5.5	11.3	38.0	37.8	7.5	6.0	10.4	38.6	38.3	6.8
其他高校	8.8	13.5	39.5	32.7	5.4	9.2	14.2	41.8	29.1	5.7
总计	6.0	11.1	37.8	37.9	7.1	6.6	11.5	39.5	35.7	6.7

表7-73　按高校隶属分普通本科高校教师所在学校科研项目经费报销流程和时效性

单位：%

高校隶属	高校教师所在学校科研项目经费报销流程和时效性									
	2021年					2022年				
	非常不满意	比较不满意	一般	比较满意	非常满意	非常不满意	比较不满意	一般	比较满意	非常满意
中央	3.8	8.7	31.7	45.2	10.5	3.3	7.8	31.4	47.0	10.4
中央教育部门	3.9	9.2	32.9	44.0	10.0	3.0	8.4	31.9	47.0	9.7
中央其他部门	3.2	5.7	23.3	53.7	14.1	4.2	5.7	30.0	47.2	12.9
地方	6.4	11.6	39.0	36.6	6.5	7.1	12.1	40.8	33.9	6.1
地方教育部门	6.4	11.5	38.8	36.8	6.5	7.1	12.2	40.7	34.0	6.1
地方其他部门	8.0	16.9	46.7	23.4	5.0	6.4	11.2	44.0	32.1	6.2
民办	5.6	16.9	48.3	23.6	5.6	0.0	7.7	46.2	30.8	15.4
总计	6.0	11.1	37.8	37.9	7.1	6.6	11.5	39.5	35.7	6.7

表7-74 按"双一流"建设项目分普通本科高校教师所在学校科研项目经费报销流程和时效性

单位：%

高校分类	高校教师所在学校科研项目经费报销流程和时效性									
	2021年					2022年				
	非常不满意	比较不满意	一般	比较满意	非常满意	非常不满意	比较不满意	一般	比较满意	非常满意
"双一流"建设高校	4.8	9.7	35.4	42.0	8.2	4.6	9.7	33.9	43.1	8.7
其他高校	6.5	11.8	38.9	36.1	6.7	7.2	12.2	41.4	33.2	6.0
总计	6.0	11.1	37.8	37.9	7.1	6.6	11.5	39.5	35.7	6.7

表7-75 按高校类型分普通本科高校教师所在院校科研财务情况

单位：%

高校类型	2021年						2022年					
	是否设置了专门的科研财务助理			所获财政科研经费用于硕博士培养的机制是否畅通			是否设置了专门的科研财务助理			所获财政科研经费用于硕博士培养的机制是否畅通		
	是	否	不清楚	是	否	不清楚	是	否	不清楚	是	否	不清楚
理工院校	19.3	67.6	13.0	56.9	9.1	34.0	17.8	63.9	18.3	48.3	11.0	40.7
农林院校	20.4	68.9	10.7	59.4	10.0	30.6	22.1	66.4	11.5	59.1	8.9	32.0
医药院校	24.6	60.4	15.0	56.7	8.0	35.3	23.9	61.0	15.1	57.1	8.5	34.4
综合大学	21.0	64.7	14.3	50.1	10.4	39.5	21.5	62.6	15.9	51.2	10.9	37.9
其他高校	15.0	66.3	18.8	40.3	12.4	47.3	15.1	65.1	19.7	37.2	13.5	49.3
总计	19.5	65.9	14.6	52.0	10.0	38.0	19.0	63.8	17.3	48.2	11.1	40.7

表7-76 按高校隶属分普通本科高校教师所在院校科研财务情况

单位：%

高校隶属	2021年						2022年					
	是否设置了专门的科研财务助理			所获财政科研经费用于硕博士培养的机制是否畅通			是否设置了专门的科研财务助理			所获财政科研经费用于硕博士培养的机制是否畅通		
	是	否	不清楚	是	否	不清楚	是	否	不清楚	是	否	不清楚
中央	27.9	63.1	9.0	65.4	7.7	26.8	32.3	57.7	10.0	66.2	7.5	26.3
中央教育部门	27.4	63.5	9.2	64.8	7.8	27.4	31.3	58.6	10.1	66.0	7.7	26.3

| 高校隶属 | 2021年 | | | | | | 2022年 | | | | | |
| | 是否设置了专门的科研财务助理 | | | 所获财政科研经费用于硕博士培养的机制是否畅通 | | | 是否设置了专门的科研财务助理 | | | 所获财政科研经费用于硕博士培养的机制是否畅通 | | |
	是	否	不清楚	是	否	不清楚	是	否	不清楚	是	否	不清楚
中央其他部门	31.6	60.6	7.8	69.5	7.2	23.3	35.5	54.6	9.9	66.9	6.8	26.3
地方	17.8	66.6	15.6	49.6	10.5	40.0	16.9	64.7	18.4	45.4	11.7	42.9
地方教育部门	17.9	66.6	15.5	49.9	10.5	39.6	17.0	64.8	18.2	46.1	11.6	42.3
地方其他部门	14.2	65.1	20.7	31.8	10.3	57.9	13.9	61.7	24.4	28.2	12.8	59.0
民办	15.7	40.4	43.8	15.7	13.5	70.8	23.1	69.2	7.7	61.5	7.7	30.8
总计	19.5	65.9	14.6	52.0	10.0	38.0	19.0	63.8	17.3	48.2	11.1	40.7

表7-77 按"双一流"建设项目分普通本科高校教师所在院校科研财务情况

单位：%

| 高校分类 | 2021年 | | | | | | 2022年 | | | | | |
| | 是否设置了专门的科研财务助理 | | | 所获财政科研经费用于硕博士培养的机制是否畅通 | | | 是否设置了专门的科研财务助理 | | | 所获财政科研经费用于硕博士培养的机制是否畅通 | | |
	是	否	不清楚	是	否	不清楚	是	否	不清楚	是	否	不清楚
"双一流"建设高校	24.4	65.1	10.4	61.4	8.5	30.0	28.1	60.9	11.0	63.4	8.3	28.3
其他高校	17.3	66.2	16.5	47.7	10.7	41.6	15.9	64.7	19.3	43.2	12.0	44.8
总计	19.5	65.9	14.6	52.0	10.0	38.0	19.0	63.8	17.3	48.2	11.1	40.7

表7-78 普通本科高校教师所在院校绩效评定的影响因素

单位：%

| 影响因素 | 2021年 | | | | | 2022年 | | | | |
	完全不重要	较不重要	一般重要	比较重要	非常重要	完全不重要	较不重要	一般重要	比较重要	非常重要
教学课时量	2.7	6.5	22.3	37.5	31.0	2.8	6.7	23.8	36.6	30.0
教学成果奖	1.3	4.2	21.1	43.0	30.4	1.2	3.8	22.0	42.3	30.7
指导学生获得技能大赛、创新创业大赛奖项	2.1	6.9	29.1	40.8	21.1	2.0	6.3	28.5	40.6	22.7

续表

影响因素	2021年					2022年				
	完全不重要	较不重要	一般重要	比较重要	非常重要	完全不重要	较不重要	一般重要	比较重要	非常重要
科研成果奖	0.9	2.1	13.3	40.6	43.1	0.8	1.9	14.2	41.0	42.1
课堂教学评价结果	5.7	11.6	31.8	33.2	17.8	5.8	11.4	31.7	33.4	17.7
论文数量	1.8	4.4	22.2	39.5	32.2	1.6	4.6	22.1	40.0	31.7
论文期刊等级	1.2	2.0	11.0	35.5	50.2	1.1	2.3	11.7	36.0	48.9
科研项目数量	1.3	2.8	15.5	38.0	42.4	1.2	2.8	15.8	38.5	41.7
科研项目金额	1.3	3.4	17.4	37.1	40.8	1.4	3.5	18.8	36.9	39.5
专著数量	1.8	6.4	31.2	38.0	22.6	1.8	6.3	31.0	38.4	22.4
专利数量	3.1	8.1	33.9	35.9	19.0	3.0	8.2	33.2	36.2	19.3
技术成果转让金额	3.1	7.8	31.0	36.9	21.2	3.0	7.5	30.6	37.1	21.8
获得人才称号	2.1	5.3	20.2	33.0	39.5	1.9	4.5	19.3	33.3	41.0

4.科研环境

表7-79　按高校类型分普通本科高校教师所在学校学术不端行为的发生频率

单位：%

高校类型	高校教师所在学校学术不端行为的发生频率									
	2021年					2022年				
	大幅减少	有所减少	没有变化	略有增加	显著增加	大幅减少	有所减少	没有变化	略有增加	显著增加
理工院校	28.0	29.6	39.6	2.0	0.8	30.9	27.5	38.0	2.7	0.9
农林院校	31.0	26.5	40.4	1.5	0.6	31.3	27.3	39.1	1.5	0.8
医药院校	28.7	30.9	37.7	2.1	0.6	31.0	31.0	34.4	2.7	0.9
综合大学	29.2	28.9	38.5	2.5	0.9	30.6	29.1	36.5	2.9	0.9
其他高校	28.8	27.7	39.4	2.6	1.5	26.7	28.7	39.5	3.7	1.4
总计	28.7	29.0	39.1	2.2	0.9	30.0	28.5	37.7	2.9	1.0

表7-80　按高校隶属分普通本科高校教师所在学校学术不端行为的发生频率

单位：%

高校隶属	高校教师所在学校学术不端行为的发生频率									
	2021年					2022年				
	大幅减少	有所减少	没有变化	略有增加	显著增加	大幅减少	有所减少	没有变化	略有增加	显著增加
中央	25.9	31.5	39.2	2.6	0.8	27.7	29.5	39.8	2.3	0.6
中央教育部门	25.9	31.5	39.0	2.8	0.8	28.0	29.9	39.2	2.2	0.6
中央其他部门	25.9	31.6	40.5	1.7	0.3	26.7	28.1	41.9	2.8	0.6
地方	29.3	28.5	39.1	2.1	1.0	30.3	28.3	37.4	2.9	1.1
地方教育部门	29.3	28.5	39.1	2.1	1.0	30.4	28.3	37.4	2.9	1.1
地方其他部门	29.5	28.4	39.8	1.5	0.8	28.2	29.6	37.8	3.4	1.1
民办	30.3	22.5	42.7	4.5	0.0	23.1	23.1	46.2	0.0	7.7
总计	28.7	29.0	39.1	2.2	0.9	30.0	28.5	37.7	2.9	1.0

表7-81　按"双一流"建设项目分普通本科高校教师所在学校学术不端行为的发生频率

单位：%

高校分类	高校教师所在学校学术不端行为的发生频率									
	2021年					2022年				
	大幅减少	有所减少	没有变化	略有增加	显著增加	大幅减少	有所减少	没有变化	略有增加	显著增加
"双一流"建设高校	26.7	31.2	39.2	2.3	0.6	28.2	29.6	39.3	2.2	0.7
其他高校	29.7	28.0	39.1	2.2	1.1	30.6	28.1	37.2	3.1	1.1
总计	28.7	29.0	39.1	2.2	0.9	30.0	28.5	37.7	2.9	1.0

表7-82　按高校类型分普通本科高校教师所在学校针对学术不端行为的惩治力度

单位：%

高校类型	高校教师所在学校针对学术不端行为的惩治力度									
	2021年					2022年				
	基本没有	比较小	一般	比较大	非常大	基本没有	比较小	一般	比较大	非常大
理工院校	2.1	4.4	23.7	43.4	26.4	3.4	4.5	24.4	41.9	25.7
农林院校	3.0	4.4	24.6	41.6	26.5	3.0	4.1	21.9	42.7	28.3
医药院校	2.7	5.2	22.6	42.8	26.7	2.3	4.1	21.8	44.8	27.0

续表

高校类型	高校教师所在学校针对学术不端行为的惩治力度									
	2021年					2022年				
	基本没有	比较小	一般	比较大	非常大	基本没有	比较小	一般	比较大	非常大
综合大学	3.1	4.7	24.1	42.5	25.6	2.7	5.4	23.8	42.6	25.5
其他高校	3.1	6.2	27.1	40.5	23.1	2.8	6.0	25.3	41.2	24.7
总计	2.7	5.0	24.5	42.4	25.6	3.0	5.0	24.0	42.3	25.8

表7-83　按高校隶属分普通本科高校教师所在学校针对学术不端行为的惩治力度

单位：%

高校隶属	高校教师所在学校针对学术不端行为的惩治力度									
	2021年					2022年				
	基本没有	比较小	一般	比较大	非常大	基本没有	比较小	一般	比较大	非常大
中央	2.3	4.7	23.2	43.0	26.8	1.9	4.1	21.9	42.2	29.9
中央教育部门	2.5	4.5	23.9	42.9	26.1	1.9	4.1	21.5	43.0	29.5
中央其他部门	0.9	5.7	18.4	43.7	31.3	2.0	4.2	23.2	39.5	31.1
地方	2.7	5.0	24.7	42.3	25.3	3.2	5.1	24.4	42.2	25.1
地方教育部门	2.7	5.0	24.6	42.3	25.3	3.1	5.2	24.4	42.1	25.1
地方其他部门	3.1	6.9	28.4	39.1	22.6	3.7	2.5	23.2	44.9	25.7
民办	1.1	5.6	23.6	36.0	33.7	0.0	0.0	7.7	69.2	23.1
总计	2.7	5.0	24.5	42.4	25.6	3.0	5.0	24.0	42.3	25.8

表7-84　按"双一流"建设项目分普通本科高校教师所在学校针对学术不端行为的惩治力度

单位：%

高校分类	高校教师所在学校针对学术不端行为的惩治力度									
	2021年					2022年				
	基本没有	比较小	一般	比较大	非常大	基本没有	比较小	一般	比较大	非常大
"双一流"建设高校	2.5	4.6	23.3	43.2	26.5	2.2	4.7	22.7	43.0	27.4
其他高校	2.7	5.1	25.0	42.0	25.2	3.2	5.1	24.5	42.0	25.2
总计	2.7	5.0	24.5	42.4	25.6	3.0	5.0	24.0	42.3	25.8

表7-85　按高校类型分普通本科高校教师所在学科的"圈子文化"现状

单位：%

高校类型	高校教师所在学科的"圈子文化"现状									
	2021年					2022年				
	完全没有	比较轻	有点严重	比较严重	非常严重	完全没有	比较轻	有点严重	比较严重	非常严重
理工院校	5.1	37.8	29.3	17.5	10.3	5.8	37.7	29.1	16.7	10.7
农林院校	6.0	38.1	28.0	16.2	11.6	6.7	39.1	28.3	16.5	9.4
医药院校	8.5	45.6	26.5	12.5	6.9	7.5	44.8	26.2	14.4	7.2
综合大学	5.5	37.8	28.8	17.6	10.3	6.1	37.7	28.9	17.2	10.1
其他高校	6.3	39.2	29.0	16.0	9.5	6.9	38.8	28.9	15.3	10.1
总计	5.9	39.1	28.7	16.5	9.8	6.3	38.7	28.7	16.3	10.0

表7-86　按高校隶属分普通本科高校教师所在学科的"圈子文化"现状

单位：%

高校隶属	高校教师所在学科的"圈子文化"现状									
	2021年					2022年				
	完全没有	比较轻	有点严重	比较严重	非常严重	完全没有	比较轻	有点严重	比较严重	非常严重
中央	3.1	33.3	29.5	20.2	13.9	3.1	33.1	31.1	19.2	13.5
中央教育部门	2.9	33.1	29.0	20.8	14.1	3.1	33.0	32.1	19.0	12.9
中央其他部门	4.3	35.1	33.0	15.5	12.1	3.3	33.6	27.6	20.0	15.4
地方	6.5	40.2	28.5	15.8	9.0	6.8	39.6	28.3	15.8	9.5
地方教育部门	6.5	40.1	28.6	15.8	9.1	6.8	39.3	28.5	15.9	9.6
地方其他部门	6.1	46.7	25.3	16.9	5.0	8.6	48.0	24.2	13.0	6.2
民办	7.9	51.7	27.0	11.2	2.2	0.0	38.5	15.4	30.8	15.4
总计	5.9	39.1	28.7	16.5	9.8	6.3	38.7	28.7	16.3	10.0

表7-87　按"双一流"建设项目分普通本科高校教师所在学科的"圈子文化"现状

单位：%

高校分类	高校教师所在学科的"圈子文化"现状									
	2021年					2022年				
	完全没有	比较轻	有点严重	比较严重	非常严重	完全没有	比较轻	有点严重	比较严重	非常严重
"双一流"建设高校	4.1	35.2	29.9	18.9	11.9	4.2	34.2	30.9	18.2	12.5
其他高校	6.8	40.9	28.1	15.4	8.8	7.0	40.2	27.9	15.6	9.2
总计	5.9	39.1	28.7	16.5	9.8	6.3	38.7	28.7	16.3	10.0

表7-88　按高校类型分普通本科高校教师所在学校的科研氛围与学生学风

单位：%

年份	高校类型	高校教师所在学校的科研氛围					高校教师所在学校的学生学风				
		非常浮躁	比较浮躁	有点浮躁	比较好	非常好	非常浮躁	比较浮躁	有点浮躁	比较好	非常好
2021	理工院校	5.5	14.5	29.5	42.3	8.2	4.0	13.8	28.4	44.5	9.3
	农林院校	5.2	12.7	27.8	44.8	9.5	4.6	12.4	24.7	47.3	11.0
	医药院校	4.0	10.9	26.8	48.2	10.0	1.9	8.7	21.3	53.8	14.3
	综合大学	6.1	15.1	27.3	44.2	7.4	3.7	14.1	25.7	46.4	10.1
	其他高校	6.6	15.2	27.3	43.2	7.7	4.3	14.3	24.9	46.1	10.4
	总计	5.7	14.2	28.1	43.8	8.2	3.8	13.2	25.9	46.7	10.5
2022	理工院校	6.5	15.4	27.8	42.7	7.6	5.2	15.6	28.5	41.8	8.8
	农林院校	4.3	14.6	26.4	43.9	10.9	3.7	13.6	26.6	44.6	11.6
	医药院校	4.0	10.9	24.3	50.0	10.8	2.3	9.9	20.7	51.7	15.4
	综合大学	5.6	15.5	26.9	44.2	7.8	4.6	16.1	27.6	42.9	8.7
	其他高校	6.0	16.8	27.3	42.8	7.2	4.5	15.9	27.9	43.1	8.5
	总计	5.8	15.2	27.1	43.9	8.1	4.5	15.1	27.3	43.5	9.6

表7-89 按高校隶属分普通本科高校教师所在学校的科研氛围与学生学风

单位：%

年份	高校隶属	高校教师所在学校的科研氛围					高校教师所在学校的学生学风				
		非常浮躁	比较浮躁	有点浮躁	比较好	非常好	非常浮躁	比较浮躁	有点浮躁	比较好	非常好
2021	中央	6.2	12.5	27.5	43.4	10.3	3.8	12.6	24.0	46.4	13.2
	中央教育部门	6.7	13.1	27.9	42.8	9.5	3.8	13.2	24.8	45.4	12.8
	中央其他部门	3.4	8.3	25.0	46.8	16.4	3.4	8.6	18.7	53.2	16.1
	地方	5.6	14.5	28.2	43.9	7.8	3.8	13.4	26.2	46.8	9.9
	地方教育部门	5.5	14.4	28.2	44.0	7.8	3.8	13.3	26.2	46.8	9.9
	地方其他部门	6.5	19.9	29.1	39.5	5.0	4.2	14.9	29.9	43.3	7.7
	民办	1.1	14.6	23.6	43.8	16.9	4.5	11.2	27.0	40.4	16.9
	总计	5.7	14.2	28.1	43.8	8.2	3.8	13.2	25.9	46.7	10.5
2022	中央	4.7	13.0	24.8	46.0	11.5	3.7	12.2	24.0	47.0	13.1
	中央教育部门	4.7	12.8	25.2	46.2	11.1	4.0	12.0	24.4	46.9	12.7
	中央其他部门	5.0	13.6	23.3	45.0	13.1	2.6	12.7	22.8	47.1	14.7
	地方	5.9	15.6	27.4	43.5	7.5	4.7	15.6	27.8	42.9	9.0
	地方教育部门	6.0	15.6	27.3	43.6	7.6	4.7	15.5	27.8	42.9	9.0
	地方其他部门	5.2	15.5	31.2	41.9	6.2	4.1	16.0	28.2	43.9	7.8
	民办	7.7	0.0	7.7	69.2	15.4	7.7	7.7	15.4	53.8	15.4
	总计	5.8	15.2	27.1	43.9	8.1	4.5	15.1	27.3	43.5	9.6

表7-90 按"双一流"建设项目分普通本科高校教师所在学校的科研氛围与学生学风

单位：%

年份	高校分类	高校教师所在学校的科研氛围					高校教师所在学校的学生学风				
		非常浮躁	比较浮躁	有点浮躁	比较好	非常好	非常浮躁	比较浮躁	有点浮躁	比较好	非常好
2021	"双一流"建设高校	6.1	12.7	27.4	44.5	9.3	3.8	12.6	24.6	47.5	11.6
	其他高校	5.4	14.9	28.4	43.5	7.8	3.8	13.5	26.5	46.3	10.0
	总计	5.7	14.2	28.1	43.8	8.2	3.8	13.2	25.9	46.7	10.5
2022	"双一流"建设高校	5.3	14.1	25.5	44.4	10.7	3.7	13.3	25.6	45.5	11.9
	其他高校	5.9	15.6	27.6	43.7	7.2	4.8	15.7	27.9	42.8	8.8
	总计	5.8	15.2	27.1	43.9	8.1	4.5	15.1	27.3	43.5	9.6

表7-91　普通本科高校教师对科研整体环境满意情况

单位：%

科研整体环境	2021年					2022年				
	很不满意	较不满意	中立	较满意	很满意	很不满意	较不满意	中立	较满意	很满意
科研项目评审环境	5.4	12.2	43.6	30.4	8.3	5.5	12.1	46.0	28.4	8.1
论文发表环境	5.9	11.4	39.4	34.4	8.9	6.3	11.8	42.0	31.5	8.3
人才"帽子"评审环节	7.0	11.8	51.6	23.1	6.5	7.1	11.4	53.3	21.6	6.6
破"五唯"的政策制定完善程度	6.4	12.5	47.6	25.7	7.8	6.8	12.1	49.3	24.1	7.7
破"五唯"的政策效果	6.7	12.6	48.3	24.8	7.6	6.9	12.3	50.1	23.0	7.6

5.平台及制度设计

表7-92　普通本科高校教师对学校提供的平台及制度设计满意情况

单位：%

学校提供的平台及制度设计	2021年					2022年				
	很不满意	较不满意	中立	较满意	很满意	很不满意	较不满意	中立	较满意	很满意
论文等级制度	4.6	11.0	40.0	35.5	8.9	4.6	11.6	41.4	33.7	8.7
项目等级制度	3.2	8.1	41.4	37.7	9.5	3.5	8.2	43.8	35.4	9.2
学生评教制度	4.1	9.7	40.6	36.3	9.3	4.6	9.9	42.1	34.7	8.7
职称评聘制度	5.5	12.6	40.6	32.8	8.4	6.1	12.6	42.5	30.6	8.1
教学奖励制度	3.6	9.6	42.1	35.7	9.0	4.0	9.3	45.0	33.1	8.6
科研成果奖励制度	3.3	8.4	40.7	37.9	9.7	3.4	8.7	43.7	35.1	9.0
科研成果转化的支持与服务制度	2.1	5.3	48.3	34.9	9.5	2.2	5.4	50.7	32.9	8.8
科研成果转化的激励制度	1.9	5.7	47.4	35.2	9.7	2.3	5.5	50.1	32.8	9.3
教师进修培训等职业发展支持制度	2.9	8.3	40.5	37.7	10.7	2.9	8.5	42.6	35.7	10.3
人才分类及待遇制度	4.7	11.8	43.4	31.4	8.7	5.0	11.2	45.5	29.9	8.4
所在学科的科研创新平台	4.0	11.3	40.6	34.4	9.7	4.1	10.4	43.8	32.4	9.3
对高校教师职业的总体满意度	1.8	8.3	33.7	44.4	11.8	2.2	8.2	37.2	41.4	11.0

八、高校学生参与创新情况

监测报告显示，2022年，本科生发表学术期刊论文的比例为13.1%，其中，已发表学术期刊论文的学生中，人均发表数量为1.67篇；本科生发表会议论文的比例为7.6%，其中，已发表会议论文的学生中，人均发表数量为1.76篇。研究生以"一作"身份发表学术期刊论文的比例为46.5%，已发表学术期刊论文的学生中，人均发表数量为2.16篇。本科生在省部级以上创新创业大赛和科技学术类竞赛获奖的比例分别为18.3%和16.4%；研究生在省部级以上创新创业大赛和科技学术类竞赛获奖的比例分别为12.2%和13.6%。本科生独立申请专利和获得专利授权的比例分别为4.7%和5.8%；研究生独立申请专利和获得专利授权的比例分别为15.7%和13.2%。本科生参与软件开发设计与改进试验的比例分别为7.0%和12.7%。本科生独立参加学术会议报告的比例为4.7%，其中参加的学生平均参与2.34次；研究生独立参加学术会议报告的比例为22.3%，其中参加的学生平均参与2.18次。57.7%的本科生和42.7%的研究生曾参加创新创业竞赛，参加的学生中，本科生和研究生平均参与次数分别为2.06次和1.80次。42.5%的本科生和41.2%的研究生曾参加科学技术竞赛，参加的学生中，本科生和研究生平均参与次数分别为2.62次和2.13次。综合来看，分别有67.1%的本科生和82.2%的研究生表示通过学术训练和科技创新活动，自己的自主学习和探索能力有较大或极大提高。

2022年，学生在科研活动参与方面，本科生认为教师有将科研成果转化为教学内容的比例为97.8%，研究生认为教师有将科研成果转化为教学内容的比例为98.4%。本科生参加教师科研课题的比例为54.9%，人均参加教师科研课题的数量为0.80个，独立开展科研课题的数量为0.32个。硕士研究生中从本科阶段开始参与教师课题的比例为19.3%；博士研究生中从本科阶段开始参加教师课题的比例为17.7%；硕士生人均参加所有科研课题的数量为1.63个，博士生人均参加科研课题的数量为3.15个。对于科研工作，97.9%的研究生表示有兴趣。

在创新创业方面，本科生尝试创业的比例为17.1%，研究生尝试创业的比例为11.0%。本科生参与创新创业类社团的比例为31.2%，研究生参与创新创业类社团的比例为15.5%。本科生选修创新创业课程的比例为71.4%，研究生选修创新创业类课程的比例为34.5%。

在参与产学研合作方面，48.9%的研究生表示有参与过企业委托或与企业合作的科研项目。在参与企业委托科研项目情况的评价方面，68.6%的本科生和63.4%的研究生认为比较重要或非常重要；此外，69.8%的本科生和61.4%的研究生表示比较愿意或非常愿意参加企业委托的科研项目。

在创新人才培养的环境方面，75.4%的本科生和84.2%的研究生表示学校对学术道德和学术规范的严格遵守比较或非常重视。分别有65.2%的本科生和79.4%的研究生表示学校的电子信息设备及网络条件常能够满足学习需求。36.3%的本科生和28.6%的研究生认为缺乏信息来源是阻碍学生参加科研创新项目的主要原因。

（一）科技育人成果

1.本科生、研究生发表学术期刊、学术会议论文的情况

表8-1　按不同类型分普通本科高校本科生发表学术期刊、学术会议论文的情况

高校类型	2021年				2022年			
	发表学术期刊论文		发表学术会议论文		发表学术期刊论文		发表学术会议论文	
	发表的比例（%）	已发表论文的人均值（篇）	发表的比例（%）	已发表论文的人均值（篇）	发表的比例（%）	已发表论文的人均值（篇）	发表的比例（%）	已发表论文的人均值（篇）
理工院校	12.9	1.58	7.2	1.64	11.5	1.75	7.4	1.80
农林院校	25.2	1.80	11.0	1.80	16.5	1.52	9.0	1.57
医药院校	12.8	1.58	5.4	1.64	14.2	1.72	5.4	1.68
综合大学	14.7	1.61	7.1	1.59	16.8	1.60	8.3	1.64

高校类型	2021年				2022年			
	发表学术期刊论文		发表学术会议论文		发表学术期刊论文		发表学术会议论文	
	发表的比例（%）	已发表论文的人均值（篇）	发表的比例（%）	已发表论文的人均值（篇）	发表的比例（%）	已发表论文的人均值（篇）	发表的比例（%）	已发表论文的人均值（篇）
其他高校	10.7	1.69	6.8	1.96	11.0	1.67	7.7	1.88
总计	13.5	1.63	7.0	1.71	13.1	1.67	7.6	1.76

表8-2 按不同隶属分普通本科高校本科生发表学术期刊、学术会议论文的情况

高校隶属	2021年				2022年			
	发表学术期刊论文		发表学术会议论文		发表学术期刊论文		发表学术会议论文	
	发表的比例（%）	已发表论文的人均值（篇）	发表的比例（%）	已发表论文的人均值（篇）	发表的比例（%）	已发表论文的人均值（篇）	发表的比例（%）	已发表论文的人均值（篇）
中央	14.2	1.56	7.7	1.47	15.2	1.77	10.1	1.71
中央教育部门	13.9	1.56	7.6	1.46	13.9	1.71	9.9	1.76
中央其他部门	15.7	1.54	8.1	1.49	20.0	1.92	10.8	1.55
地方	13.4	1.65	6.9	1.77	12.9	1.66	7.3	1.76
地方教育部门	13.4	1.64	7.0	1.77	12.8	1.66	7.2	1.78
地方其他部门	11.0	2.41	4.5	1.45	16.7	1.45	11.2	1.44
民办	6.2	1.09	3.9	1.29	4.6	2.00	4.6	1.67
总计	13.5	1.63	7.0	1.71	13.1	1.67	7.6	1.76

表8-3 按"双一流"建设项目分普通本科高校本科生发表学术期刊、学术会议论文的情况

高校分类	2021年				2022年			
	发表学术期刊论文		发表学术会议论文		发表学术期刊论文		发表学术会议论文	
	发表的比例（%）	已发表论文的人均值（篇）	发表的比例（%）	已发表论文的人均值（篇）	发表的比例（%）	已发表论文的人均值（篇）	发表的比例（%）	已发表论文的人均值（篇）
"双一流"建设高校	14.5	1.64	7.0	1.63	16.5	1.64	8.9	1.66
其他高校	13.0	1.62	7.1	1.76	12.2	1.68	7.2	1.79
总计	13.5	1.63	7.0	1.71	13.1	1.67	7.6	1.76

表8-4　按不同类型分普通本科高校研究生发表学术期刊论文的情况

年份	高校类型	以"一作"发表期刊论文				以"非一作"发表期刊论文			
		发表的比例（%）	已发表论文的人均值（篇）	被SCI、EI、SSCI等收录的均值（篇）	被CSSCI、北大核心期刊等收录的均值（篇）	发表的比例（%）	已发表论文的人均值（篇）	被SCI、EI、SSCI等收入的均值（篇）	被CSSCI、北大核心期刊等收录的均值（篇）
2021	理工院校	42.0	2.08	2.14	1.48	46.9	2.50	2.38	1.77
	农林院校	39.1	2.10	1.85	1.59	46.3	2.61	2.29	2.08
	医药院校	52.6	2.11	1.79	1.57	55.8	3.07	2.57	2.24
	综合大学	55.4	2.29	2.17	1.60	50.7	2.94	2.80	2.08
	其他高校	44.2	1.99	1.78	1.55	34.4	2.27	2.28	1.84
	总计	46.0	2.12	2.02	1.55	46.0	2.66	2.49	1.96
2022	理工院校	41.7	2.10	2.10	1.53	45.4	2.50	2.33	1.78
	农林院校	48.0	2.14	2.00	1.46	54.5	2.94	2.57	2.03
	医药院校	55.5	2.21	1.99	1.56	56.6	3.36	2.99	2.27
	综合大学	50.7	2.22	2.16	1.62	46.9	2.88	2.78	2.03
	其他高校	45.9	2.19	1.92	1.71	36.8	2.51	2.39	1.97
	总计	46.5	2.16	2.07	1.58	45.7	2.74	2.56	1.96

表8-5　按不同隶属关系分普通本科高校研究生发表学术期刊论文的情况

年份	高校隶属	以"一作"发表期刊论文				以"非一作"发表期刊论文			
		发表的比例（%）	已发表论文的人均值（篇）	被SCI、EI、SSCI等收录的均值（篇）	被CSSCI、北大核心期刊等收录的均值（篇）	发表的比例（%）	已发表论文的人均值（篇）	被SCI、EI、SSCI等收入的均值（篇）	被CSSCI、北大核心期刊等收录的均值（篇）
2021	中央	43.4	2.37	2.31	1.58	45.7	2.87	2.76	1.95
	中央教育部门	42.1	2.32	2.23	1.54	45.2	2.87	2.73	1.92
	中央其他部门	51.1	2.60	2.73	1.80	48.5	2.82	2.89	2.13
	地方	46.6	2.07	1.94	1.54	46.1	2.61	2.42	1.96
	地方教育部门	46.6	2.07	1.94	1.54	46.0	2.60	2.41	1.95
	地方其他部门	46.6	1.67	1.85	1.48	51.1	3.09	2.64	2.97
	总计	46.0	2.12	2.02	1.55	46.0	2.66	2.49	1.96

年份	高校隶属	以"一作"发表期刊论文				以"非一作"发表期刊论文			
		发表的比例（%）	已发表论文的人均值（篇）	被SCI、EI、SSCI等收录的均值（篇）	被CSSCI、北大核心期刊等收录的均值（篇）	发表的比例（%）	已发表论文的人均值（篇）	被SCI、EI、SSCI等收入的均值（篇）	被CSSCI、北大核心期刊等收录的均值（篇）
2022	中央	46.7	2.65	2.52	1.73	49.3	3.12	3.03	2.07
	中央教育部门	47.4	2.70	2.56	1.75	49.7	3.18	3.09	2.06
	中央其他部门	42.7	2.26	2.23	1.60	46.8	2.76	2.63	2.11
	地方	46.5	2.06	1.94	1.54	45.0	2.65	2.44	1.93
	地方教育部门	46.0	2.07	1.95	1.54	44.6	2.65	2.44	1.92
	地方其他部门	77.7	1.72	1.41	1.37	70.1	2.69	2.26	2.17
	总计	46.5	2.16	2.07	1.58	45.7	2.74	2.56	1.96

表8-6　按"双一流"建设项目分普通本科高校研究生发表学术期刊论文的情况

年份	高校分类	以"一作"发表期刊论文				以"非一作"发表期刊论文			
		发表的比例（%）	已发表论文的人均值（篇）	被SCI、EI、SSCI等收录的均值（篇）	被CSSCI、北大核心期刊等收录的均值（篇）	发表的比例（%）	已发表论文的人均值（篇）	被SCI、EI、SSCI等收入的均值（篇）	被CSSCI、北大核心期刊等收录的均值（篇）
2021	"双一流"建设高校	47.6	2.26	2.13	1.58	46.4	2.80	2.65	1.98
	其他高校	45.2	2.05	1.94	1.53	45.8	2.58	2.39	1.95
	总计	46.0	2.12	2.02	1.55	46.0	2.66	2.49	1.96
2022	"双一流"建设高校	49.2	2.48	2.33	1.67	49.9	3.05	2.92	2.00
	其他高校	45.3	2.01	1.89	1.52	43.9	2.58	2.34	1.94
	总计	46.5	2.16	2.07	1.58	45.7	2.74	2.56	1.96

2.本科生、研究生参加省部级及以上大赛的获奖情况

表8-7　按不同类型分普通本科高校本科生参加省部级及以上大赛的获奖情况

高校类型	2021年				2022年			
	创新创业大赛		科技学术类竞赛		创新创业大赛		科技学术类竞赛	
	获奖的比例（%）	已获奖项的人均值（个）	获奖的比例（%）	已获奖项的人均值（个）	获奖的比例（%）	已获奖项的人均值（个）	获奖的比例（%）	已获奖项的人均值（个）
理工院校	22.2	2.02	23.0	2.56	19.0	2.12	19.7	2.52
农林院校	29.2	2.12	23.8	2.37	20.9	2.08	17.9	2.02
医药院校	14.1	1.62	7.5	1.61	15.9	1.76	9.9	1.68
综合大学	18.9	1.69	17.0	2.06	20.2	1.77	17.4	2.25
其他高校	14.9	1.75	11.1	2.24	15.6	1.86	12.5	2.33
总计	18.9	1.86	16.6	2.31	18.3	1.95	16.4	2.34

表8-8　按不同隶属关系分普通本科高校本科生参加省部级及以上大赛的获奖情况

高校隶属	2021年				2022年			
	创新创业大赛		科技学术类竞赛		创新创业大赛		科技学术类竞赛	
	获奖的比例（%）	已获奖项的人均值（个）	获奖的比例（%）	已获奖项的人均值（个）	获奖的比例（%）	已获奖项的人均值（个）	获奖的比例（%）	已获奖项的人均值（个）
中央	22.7	1.71	22.3	2.21	22.0	1.87	20.3	2.30
中央教育部门	22.6	1.65	22.6	2.18	19.9	1.68	18.1	2.17
中央其他部门	23.4	2.02	20.4	2.38	29.5	2.33	27.8	2.58
地方	18.2	1.90	15.6	2.34	17.9	1.96	16.0	2.35
地方教育部门	18.3	1.90	15.6	2.35	17.8	1.97	16.0	2.36
地方其他部门	13.1	1.66	15.5	1.47	19.8	1.63	14.3	1.56
民办	12.9	1.52	7.3	2.15	4.6	2.67	6.2	1.25
总计	18.9	1.86	16.6	2.31	18.3	1.95	16.4	2.34

表8-9 按"双一流"建设项目分普通本科高校本科生参加省部级及以上大赛的获奖情况

| 高校分类 | 2021年 | | | | 2022年 | | | |
| | 创新创业大赛 | | 科技学术类竞赛 | | 创新创业大赛 | | 科技学术类竞赛 | |
	获奖的比例（%）	已获奖项的人均值（个）	获奖的比例（%）	已获奖项的人均值（个）	获奖的比例（%）	已获奖项的人均值（个）	获奖的比例（%）	已获奖项的人均值（个）
"双一流"建设高校	19.4	1.77	18.6	2.25	22.8	1.80	21.1	2.23
其他高校	18.7	1.90	15.6	2.35	17.1	2.01	15.2	2.38
总计	18.9	1.86	16.6	2.31	18.3	1.95	16.4	2.34

表8-10 按不同类型分普通本科高校研究生参加省部级及以上大赛的获奖情况

| 高校类型 | 2021年 | | | | 2022年 | | | |
| | 创新创业大赛 | | 科技学术类竞赛 | | 创新创业大赛 | | 科技学术类竞赛 | |
	获奖的比例（%）	已获奖项的人均值（个）	获奖的比例（%）	已获奖项的人均值（个）	获奖的比例（%）	已获奖项的人均值（个）	获奖的比例（%）	已获奖项的人均值（个）
理工院校	14.6	1.92	16.3	2.13	15.0	1.75	18.4	1.98
农林院校	7.7	1.61	6.4	1.75	12.7	1.87	10.5	1.77
医药院校	8.8	1.96	6.0	1.81	8.4	1.85	5.2	1.51
综合大学	10.5	1.65	10.0	1.88	11.5	1.78	11.9	2.02
其他高校	9.0	1.75	9.1	2.09	9.5	1.80	11.9	1.97
总计	11.1	1.82	11.1	2.03	12.2	1.78	13.6	1.95

表8-11 按不同隶属关系分普通本科高校研究生参加省部级及以上大赛的获奖情况

| 高校隶属 | 2021年 | | | | 2022年 | | | |
| | 创新创业大赛 | | 科技学术类竞赛 | | 创新创业大赛 | | 科技学术类竞赛 | |
	获奖的比例（%）	已获奖项的人均值（个）	获奖的比例（%）	已获奖项的人均值（个）	获奖的比例（%）	已获奖项的人均值（个）	获奖的比例（%）	已获奖项的人均值（个）
中央	10.9	1.96	11.8	2.06	10.5	1.93	11.6	1.85
中央教育部门	10.0	1.72	11.2	1.83	9.7	1.87	11.3	1.83
中央其他部门	16.2	2.90	15.6	3.11	15.6	2.19	13.7	1.97
地方	11.1	1.78	10.9	2.02	12.6	1.76	14.1	1.97

高校隶属	2021年				2022年			
	创新创业大赛		科技学术类竞赛		创新创业大赛		科技学术类竞赛	
	获奖的比例（%）	已获奖项的人均值（个）	获奖的比例（%）	已获奖项的人均值（个）	获奖的比例（%）	已获奖项的人均值（个）	获奖的比例（%）	已获奖项的人均值（个）
地方教育部门	11.1	1.78	10.9	2.02	12.6	1.75	14.1	1.97
地方其他部门	10.1	1.83	8.4	2.20	14.3	1.94	10.8	2.37
总计	11.1	1.82	11.1	2.03	12.2	1.78	13.6	1.95

表8-12 按"双一流"建设项目分普通本科高校研究生参加省部级及以上大赛的获奖情况

高校分类	2021年				2022年			
	创新创业大赛		科技学术类竞赛		创新创业大赛		科技学术类竞赛	
	获奖的比例（%）	已获奖项的人均值（个）	获奖的比例（%）	已获奖项的人均值（个）	获奖的比例（%）	已获奖项的人均值（个）	获奖的比例（%）	已获奖项的人均值（个）
"双一流"建设高校	10.2	1.81	10.3	2.02	11.1	1.82	11.8	1.99
其他高校	11.5	1.82	11.5	2.03	12.7	1.77	14.4	1.94
总计	11.1	1.82	11.1	2.03	12.2	1.78	13.6	1.95

3.本科生、研究生申请专利与获得专利授权的情况

表8-13 按不同类型分普通本科高校本科生申请专利与获得专利授权情况

高校类型	2021年				2022年			
	独立申请专利		获得专利授权		独立申请专利		获得专利授权	
	申请的比例（%）	已申请专利数的人均值（个）	获得的比例（%）	已获得专利授权数的人均值（个）	申请的比例（%）	已申请专利数的人均值（个）	获得的比例（%）	已获得专利授权数的人均值（个）
理工院校	7.0	1.89	8.2	1.74	5.7	2.03	7.1	1.75
农林院校	9.2	2.16	10.0	1.79	4.6	1.64	6.2	1.49
医药院校	2.6	1.46	2.8	1.46	3.9	1.56	4.6	1.51
综合大学	5.2	1.69	6.7	1.58	5.4	2.13	6.4	2.03
其他高校	2.3	2.06	2.6	2.03	3.1	2.00	3.5	2.02
总计	4.9	1.85	5.9	1.71	4.7	1.99	5.8	1.82

表8-14　按不同隶属关系分普通本科高校本科生申请专利与获得专利授权情况

| 高校隶属 | 2021年 | | | | 2022年 | | | |
| | 独立申请专利 | | 获得专利授权 | | 独立申请专利 | | 获得专利授权 | |
	申请的比例（%）	已申请专利数的人均值（个）	获得的比例（%）	已获得专利授权数的人均值（个）	申请的比例（%）	已申请专利数的人均值（个）	获得的比例（%）	已获得专利授权数的人均值（个）
中央	6.6	1.88	6.5	1.64	5.1	2.20	5.9	2.02
中央教育部门	6.8	1.91	6.7	1.65	3.7	2.32	4.5	2.20
中央其他部门	4.9	1.59	4.7	1.58	10.0	2.05	10.5	1.76
地方	4.6	1.85	5.8	1.73	4.7	1.95	5.8	1.79
地方教育部门	4.7	1.86	5.8	1.73	4.7	1.96	5.8	1.80
地方其他部门	2.0	1.20	4.1	1.10	3.7	1.47	4.5	1.52
民办	2.8	1.20	2.2	1.50	3.1	5.50	3.1	1.50
总计	4.9	1.85	5.9	1.71	4.7	1.99	5.8	1.82

表8-15　按"双一流"建设项目分普通本科高校本科生申请专利与获得专利授权情况

| 高校分类 | 2021年 | | | | 2022年 | | | |
| | 独立申请专利 | | 获得专利授权 | | 独立申请专利 | | 获得专利授权 | |
	申请的比例（%）	已申请专利数的人均值（个）	获得的比例（%）	已获得专利授权数的人均值（个）	申请的比例（%）	已申请专利数的人均值（个）	获得的比例（%）	已获得专利授权数的人均值（个）
"双一流"建设高校	6.2	1.88	6.8	1.65	5.3	1.98	6.8	1.82
其他高校	4.3	1.84	5.4	1.75	4.6	1.99	5.5	1.81
总计	4.9	1.85	5.9	1.71	4.7	1.99	5.8	1.82

表8-16　按不同类型分普通本科高校研究生申请专利与获得专利授权情况

| 高校类型 | 2021年 | | | | 2022年 | | | |
| | 独立申请专利 | | 获得专利授权 | | 独立申请专利 | | 获得专利授权 | |
	申请的比例（%）	已申请专利数的人均值（个）	获得的比例（%）	已获得专利授权数的人均值（个）	申请的比例（%）	已申请专利数的人均值（个）	获得的比例（%）	已获得专利授权数的人均值（个）
理工院校	22.5	2.11	18.5	1.94	22.5	1.98	17.1	1.89
农林院校	12.2	2.03	12.1	2.04	15.1	1.86	15.7	1.72

续表

高校类型	2021年				2022年			
	独立申请专利		获得专利授权		独立申请专利		获得专利授权	
	申请的比例（%）	已申请专利数的人均值（个）	获得的比例（%）	已获得专利授权数的人均值（个）	申请的比例（%）	已申请专利数的人均值（个）	获得的比例（%）	已获得专利授权数的人均值（个）
医药院校	7.2	1.97	7.9	1.80	8.0	1.81	9.5	1.63
综合大学	17.3	2.18	14.3	1.86	14.9	1.92	12.9	1.71
其他高校	6.5	1.87	4.9	1.83	8.0	1.75	7.2	1.67
总计	15.1	2.09	12.9	1.91	15.7	1.92	13.2	1.79

表8-17 按不同隶属关系分普通本科高校研究生申请专利与获得专利授权情况

高校隶属	2021年				2022年			
	独立申请专利		获得专利授权		独立申请专利		获得专利授权	
	申请的比例（%）	已申请专利数的人均值（个）	获得的比例（%）	已获得专利授权数的人均值（个）	申请的比例（%）	已申请专利数的人均值（个）	获得的比例（%）	已获得专利授权数的人均值（个）
中央	17.3	2.05	13.6	1.83	17.5	2.18	15.6	1.93
中央教育部门	16.8	2.02	13.4	1.82	17.6	2.12	15.5	1.90
中央其他部门	20.8	2.19	14.7	1.89	16.7	2.53	15.8	2.11
地方	14.6	2.10	12.7	1.93	15.4	1.86	12.7	1.75
地方教育部门	14.6	2.10	12.7	1.93	15.3	1.87	12.7	1.76
地方其他部门	11.2	2.40	14.0	1.96	21.9	1.36	17.1	1.35
总计	15.1	2.09	12.9	1.91	15.7	1.92	13.2	1.79

表8-18 按"双一流"建设项目分普通本科高校研究生申请专利与获得专利授权情况

高校分类	2021年				2022年			
	独立申请专利		获得专利授权		独立申请专利		获得专利授权	
	申请的比例（%）	已申请专利数的人均值（个）	获得的比例（%）	已获得专利授权数的人均值（个）	申请的比例（%）	已申请专利数的人均值（个）	获得的比例（%）	已获得专利授权数的人均值（个）
"双一流"建设高校	16.6	2.02	13.3	1.81	16.6	2.01	14.9	1.82
其他高校	14.4	2.13	12.6	1.97	15.3	1.88	12.5	1.77
总计	15.1	2.09	12.9	1.91	15.7	1.92	13.2	1.79

4.本科生完成软件开发设计与改进试验情况

表8-19　按不同类型分普通本科高校本科生完成软件开发设计与改进试验情况

高校类型	2021年				2022年			
	完成软件开发设计		完成改进试验		完成软件开发设计		完成改进试验	
	人数比例（%）	已完成软件开发设计的人均值（个）	人数比例（%）	已完成改进试验的人均值（个）	人数比例（%）	已完成软件开发设计的人均值（个）	人数比例（%）	已完成改进试验的人均值（个）
理工院校	10.2	1.83	15.5	1.72	9.1	1.96	13.7	1.72
农林院校	9.1	1.92	19.6	1.84	5.5	1.64	14.8	1.70
医药院校	3.9	1.75	10.7	1.54	4.0	1.83	11.0	1.44
综合大学	9.0	1.83	13.5	1.73	7.0	1.83	13.8	1.67
其他高校	5.1	1.77	9.2	1.80	5.4	2.02	10.0	1.88
总计	7.8	1.82	13.1	1.72	7.0	1.92	12.7	1.71

表8-20　按不同隶属关系分普通本科高校本科生完成软件开发设计与改进试验情况

高校隶属	2021年				2022年			
	完成软件开发设计		完成改进试验		完成软件开发设计		完成改进试验	
	人数比例（%）	已完成软件开发设计的人均值（个）	人数比例（%）	已完成改进试验的人均值（个）	人数比例（%）	已完成软件开发设计的人均值（个）	人数比例（%）	已完成改进试验的人均值（个）
中央	11.2	1.88	16.7	1.66	8.1	1.93	16.2	1.68
中央教育部门	11.7	1.93	16.1	1.72	7.4	1.93	15.7	1.67
中央其他部门	8.1	1.51	20.2	1.39	10.5	1.94	18.1	1.72
地方	7.1	1.80	12.4	1.74	6.9	1.92	12.2	1.72
地方教育部门	7.1	1.80	12.4	1.74	6.9	1.93	12.2	1.72
地方其他部门	6.5	1.50	11.0	1.63	6.7	1.44	12.5	1.48
民办	8.4	1.93	11.8	2.05	1.5	1.00	9.2	2.33
总计	7.8	1.82	13.1	1.72	7.0	1.92	12.7	1.71

表8-21　按"双一流"建设项目分普通本科高校本科生完成软件开发设计与改进试验情况

高校分类	2021年				2022年			
	完成软件开发设计		完成改进试验		完成软件开发设计		完成改进试验	
	人数比例（%）	已完成软件开发设计的人均值（个）	人数比例（%）	已完成改进试验的人均值（个）	人数比例（%）	已完成软件开发设计的人均值（个）	人数比例（%）	已完成改进试验的人均值（个）
"双一流"建设高校	9.8	1.79	14.6	1.70	8.3	1.84	15.3	1.67
其他高校	6.7	1.85	12.3	1.74	6.7	1.95	12.0	1.73
总计	7.8	1.82	13.1	1.72	7.0	1.92	12.7	1.71

5.本科生、研究生独立参加学术会议报告情况

表8-22　按不同类型分普通本科高校本科生和研究生独立参加学术会议报告情况

高校类型	2021年				2022年			
	本科生		研究生		本科生		研究生	
	参加比例（%）	人均参加次数（次）	参加比例（%）	人均参加次数（次）	参加比例（%）	人均参加次数（次）	参加比例（%）	人均参加次数（次）
理工院校	4.1	2.20	21.2	2.17	4.9	2.33	23.1	2.11
农林院校	4.4	2.16	16.1	2.24	5.2	2.03	20.9	2.18
医药院校	2.6	2.05	15.2	1.84	3.3	2.43	15.9	2.01
综合大学	3.9	1.94	25.2	2.13	4.6	2.29	24.5	2.15
其他高校	3.9	2.34	18.4	2.31	4.8	2.48	21.7	2.41
总计	3.8	2.15	20.1	2.17	4.7	2.34	22.3	2.18

表8-23　按不同隶属关系分普通本科高校本科生和研究生独立参加学术会议报告情况

高校隶属	2021年				2022年			
	本科生		研究生		本科生		研究生	
	参加比例（%）	人均参加次数（次）	参加比例（%）	人均参加次数（次）	参加比例（%）	人均参加次数（次）	参加比例（%）	人均参加次数（次）
中央	3.8	1.99	25.7	2.13	4.9	2.27	28.7	2.29
中央教育部门	4.0	2.02	25.2	2.13	4.0	2.40	29.2	2.32
中央其他部门	2.7	1.78	28.7	2.10	8.0	2.06	25.4	2.06

高校隶属	2021年				2022年			
	本科生		研究生		本科生		研究生	
	参加比例（%）	人均参加次数（次）	参加比例（%）	人均参加次数（次）	参加比例（%）	人均参加次数（次）	参加比例（%）	人均参加次数（次）
地方	3.8	2.19	18.8	2.18	4.6	2.35	21.0	2.15
地方教育部门	3.8	2.18	19.0	2.18	4.6	2.36	21.0	2.14
地方其他部门	4.5	3.64	7.9	3.36	6.3	2.19	17.5	2.95
民办	4.5	1.38	—	—	3.1	1.00	—	—
总计	3.8	2.15	20.1	2.17	4.7	2.34	22.3	2.18

表8-24　按"双一流"建设项目分普通本科高校本科生和研究生独立参加学术会议报告情况

高校分类	2021年				2022年			
	本科生		研究生		本科生		研究生	
	参加比例（%）	人均参加次数（次）	参加比例（%）	人均参加次数（次）	参加比例（%）	人均参加次数（次）	参加比例（%）	人均参加次数（次）
"双一流"建设高校	3.6	2.12	24.2	2.13	4.3	2.15	28.0	2.19
其他高校	3.9	2.17	18.0	2.20	4.8	2.39	19.8	2.18
总计	3.8	2.15	20.1	2.17	4.7	2.34	22.3	2.18

6.本科生、研究生参与创新创业和科技学术竞赛的情况

表8-25　按不同类型分普通本科高校本科生参与创新创业和科技学术竞赛的情况

高校类型	2021年				2022年			
	创新创业竞赛		科技学术竞赛		创新创业竞赛		科技学术竞赛	
	参加比例（%）	人均参加次数（次）	参加比例（%）	人均参加次数（次）	参加比例（%）	人均参加次数（次）	参加比例（%）	人均参加次数（次）
理工院校	61.4	2.23	51.1	2.97	58.6	2.23	48.0	2.88
农林院校	74.2	2.36	52.6	2.73	62.8	2.14	45.0	2.59
医药院校	58.2	1.77	28.6	1.81	55.0	1.96	31.8	2.04
综合大学	58.9	1.89	41.6	2.41	59.7	1.91	43.4	2.52

续表

高校类型	2021年				2022年			
	创新创业竞赛		科技学术竞赛		创新创业竞赛		科技学术竞赛	
	参加比例（%）	人均参加次数（次）	参加比例（%）	人均参加次数（次）	参加比例（%）	人均参加次数（次）	参加比例（%）	人均参加次数（次）
其他高校	55.6	2.05	35.4	2.41	54.2	1.91	36.2	2.39
总计	59.7	2.06	42.1	2.60	57.7	2.06	42.5	2.62

表8-26 按不同隶属关系分普通本科高校本科生参与创新创业和科技学术竞赛的情况

高校隶属	2021年				2022年			
	创新创业竞赛		科技学术竞赛		创新创业竞赛		科技学术竞赛	
	参加比例（%）	人均参加次数（次）	参加比例（%）	人均参加次数（次）	参加比例（%）	人均参加次数（次）	参加比例（%）	人均参加次数（次）
中央	67.4	1.83	52.8	2.61	64.4	1.94	47.6	2.59
中央教育部门	65.7	1.82	52.2	2.60	63.2	1.76	44.8	2.43
中央其他部门	78.0	1.88	56.4	2.68	68.8	2.51	57.6	3.01
地方	58.1	2.11	39.9	2.60	57.0	2.07	41.9	2.63
地方教育部门	58.1	2.12	40.0	2.60	56.9	2.07	42.0	2.63
地方其他部门	56.3	1.86	36.3	2.06	60.4	2.14	38.0	2.27
民办	59.0	1.79	38.8	2.14	26.2	1.88	13.8	2.11
总计	59.7	2.06	42.1	2.60	57.7	2.06	42.5	2.62

表8-27 按"双一流"建设项目分普通本科高校本科生参与创新创业和科技学术竞赛的情况

高校分类	2021年				2022年			
	创新创业竞赛		科技学术竞赛		创新创业竞赛		科技学术竞赛	
	参加比例（%）	人均参加次数（次）	参加比例（%）	人均参加次数（次）	参加比例（%）	人均参加次数（次）	参加比例（%）	人均参加次数（次）
"双一流"建设高校	59.8	1.83	44.9	2.55	65.1	1.94	49.0	2.55
其他高校	59.6	2.17	40.6	2.62	55.8	2.09	40.7	2.64
总计	59.7	2.06	42.1	2.60	57.7	2.06	42.5	2.62

表8-28　按不同类型分普通本科高校研究生参与创新创业和科技学术竞赛的情况

高校类型	2021年				2022年			
	创新创业竞赛		科技学术竞赛		创新创业竞赛		科技学术竞赛	
	参加比例（%）	人均参加次数（次）	参加比例（%）	人均参加次数（次）	参加比例（%）	人均参加次数（次）	参加比例（%）	人均参加次数（次）
理工院校	45.2	1.88	46.0	2.20	47.6	1.87	49.9	2.24
农林院校	34.2	1.59	27.3	1.82	41.9	1.85	37.5	1.95
医药院校	35.6	1.77	22.7	1.67	35.3	1.67	25.7	1.86
综合大学	37.0	1.67	32.6	1.91	40.8	1.77	37.7	2.05
其他高校	34.9	1.65	32.6	1.89	39.5	1.72	37.6	2.09
总计	38.9	1.75	35.5	2.01	42.7	1.80	41.2	2.13

表8-29　按不同隶属关系分普通本科高校研究生参与创新创业和科技学术竞赛的情况

高校隶属	2021年				2022年			
	创新创业竞赛		科技学术竞赛		创新创业竞赛		科技学术竞赛	
	参加比例（%）	人均参加次数（次）	参加比例（%）	人均参加次数（次）	参加比例（%）	人均参加次数（次）	参加比例（%）	人均参加次数（次）
中央	36.1	1.79	36.2	2.11	38.7	1.74	38.0	1.99
中央教育部门	34.8	1.73	35.5	2.00	37.6	1.73	37.0	1.97
中央其他部门	44.3	2.12	40.6	2.73	45.5	1.75	44.0	2.06
地方	39.5	1.74	35.3	1.99	43.6	1.82	41.8	2.15
地方教育部门	39.5	1.74	35.3	1.99	43.6	1.81	41.9	2.15
地方其他部门	41.0	1.73	31.5	1.98	40.2	1.89	39.4	2.48
总计	38.9	1.75	35.5	2.01	42.7	1.80	41.2	2.13

表8-30 按"双一流"建设项目分普通本科高校研究生参与创新创业和科技学术竞赛的情况

高校分类	2021年				2022年			
	创新创业竞赛		科技学术竞赛		创新创业竞赛		科技学术竞赛	
	参加比例（%）	人均参加次数（次）	参加比例（%）	人均参加次数（次）	参加比例（%）	人均参加次数（次）	参加比例（%）	人均参加次数（次）
"双一流"建设高校	35.3	1.73	33.9	2.00	39.2	1.77	37.2	1.99
其他高校	40.8	1.76	36.3	2.02	44.3	1.82	42.9	2.18
总计	38.9	1.75	35.5	2.01	42.7	1.80	41.2	2.13

7.本科生、研究生综合能力提升情况

表8-31 普通本科高校本科生认为参加科技创新活动所能提高的能力情况

单位：%

能力	2021年					2022年				
	没有提高	提高较小	一般	提高较大	极大提高	没有提高	提高较小	一般	较大提高	极大提高
深厚的专业知识与技能	1.3	5.9	34.8	40.6	17.3	1.3	5.9	34.8	40.1	17.9
跨学科的知识与技能	1.7	8.0	38.2	35.3	16.9	1.7	7.7	38.0	35.1	17.6
良好的学术写作和口头汇报能力	1.3	6.2	33.6	39.0	19.9	1.3	6.3	33.6	38.5	20.2
组织领导团队的能力	1.3	6.0	33.2	38.0	21.5	1.8	6.0	33.2	37.4	21.7
与他人有效合作	1.0	4.3	27.1	43.5	24.1	1.2	4.7	28.4	42.0	23.6
自主学习和探索	0.9	4.1	25.7	43.5	25.7	1.2	4.3	27.5	42.0	25.1
批判性思维	1.1	5.0	32.3	40.3	21.3	1.3	5.5	32.8	39.3	21.1
创造性思维	1.2	5.4	32.5	39.2	21.6	1.4	5.7	32.8	38.4	21.7
逻辑严密地思考问题	0.9	4.4	29.1	42.9	22.7	1.1	4.9	29.5	41.7	22.8
独立设计研究计划	1.5	7.0	34.8	36.3	20.4	1.7	7.2	34.8	35.7	20.6
把握学科发展前沿	1.7	8.3	36.8	34.5	18.7	1.8	8.4	36.6	34.4	18.9
运用多学科的知识与方法进行创新	1.5	6.8	34.2	37.2	20.3	1.6	6.9	34.1	36.8	20.6
整合多种资源解决现实中的复杂问题	1.3	6.2	33.6	38.4	20.5	1.4	6.6	33.2	38.1	20.8
喜欢从事创新性的活动	1.7	7.2	35.2	35.6	20.4	1.8	7.2	35.0	35.6	20.3
实事求是、科学严谨的学习态度	0.8	4.0	25.4	42.3	27.4	1.1	4.3	26.4	41.5	26.7
对科学和真理的热爱与追求	1.2	4.6	28.7	38.7	26.8	1.2	5.2	29.7	38.3	25.5
科学报国、服务人民的志向	1.2	4.1	24.4	35.9	34.4	1.3	4.8	26.4	35.0	32.5

注：本报告百分比统计数据均保留一位小数，由于四舍五入，相加可能不等于100%。下同。

表8-32　普通本科高校研究生认为参加科技创新活动所能提高的能力情况

单位：%

能力	2021年				2022年			
	没有提高	提高较小	提高较大	极大提高	没有提高	提高较小	提高较大	极大提高
深厚的专业知识与技能	1.0	24.0	49.8	25.1	0.9	23.7	49.0	26.4
跨学科的知识与技能	2.6	32.9	42.6	22.0	2.3	31.2	42.9	23.6
良好的学术写作和口头汇报能力	1.2	25.4	47.3	26.1	1.2	24.3	46.6	28.0
组织领导团队的能力	3.8	32.2	41.5	22.5	3.5	29.8	42.0	24.8
与他人有效合作	1.8	25.3	47.2	25.7	1.9	24.1	46.4	27.6
自主学习和探索	0.6	17.7	46.8	34.8	0.7	17.2	46.3	35.9
批判性思维	1.2	24.8	46.6	27.3	1.2	23.8	46.4	28.6
创造性思维	1.7	28.6	44.0	25.7	1.7	27.6	43.8	26.9
逻辑严密地思考问题	0.9	22.3	47.7	29.1	0.9	21.7	46.5	30.8
独立设计研究计划	1.5	25.7	45.2	27.6	1.4	24.6	44.7	29.3
把握学科发展前沿	1.7	29.6	43.8	24.9	1.9	28.8	43.3	26.0
运用多学科的知识与方法进行科研创新	2.2	29.5	43.5	24.8	2.1	28.0	43.5	26.4
整合多种资源解决现实中的复杂问题	1.9	28.8	44.4	24.9	1.8	27.1	44.4	26.7
喜欢从事创新性的活动	3.6	32.5	40.7	23.2	3.6	31.0	40.6	24.8
实事求是、科学严谨的学习态度	0.9	18.1	44.6	36.4	0.8	18.5	43.8	36.8
对科学和真理的热爱与追求	1.7	22.6	42.5	33.2	2.2	22.6	42.1	33.1
科学报国、服务人民的志向	1.4	18.8	37.9	41.8	1.8	19.3	37.7	41.2

（二）科研活动参与情况

1.本科生、研究生对教师科技融合育人的看法

表8-33 按不同类型分普通本科高校的本科生、研究生对教师将科研成果转化为教学内容的评价

单位：%

年份	高校类型	本科生					研究生				
		完全没有	比较少	有一些	比较多	非常多	完全没有	比较少	有一些	比较多	非常多
2021	理工院校	1.8	17.3	42.1	28.7	10.1	1.6	13.1	33.6	39.0	12.7
	农林院校	1.5	13.1	36.6	35.7	13.2	1.8	11.4	33.2	41.0	12.6
	医药院校	2.1	19.3	44.2	26.4	8.1	1.5	13.3	32.8	38.5	13.8
	综合大学	2.2	18.7	42.3	28.9	7.9	1.5	12.5	30.3	41.9	13.7
	其他高校	2.4	18.3	42.6	27.4	9.4	1.8	11.1	29.0	42.6	15.4
	总计	2.1	17.9	42.2	28.5	9.3	1.7	12.4	31.8	40.6	13.6
2022	理工院校	2.5	18.4	42.5	27.0	9.6	1.9	14.4	31.8	38.5	13.4
	农林院校	1.3	13.8	39.6	32.1	13.1	1.5	10.8	28.1	42.3	17.3
	医药院校	2.4	17.4	43.4	26.9	9.9	1.7	14.8	34.7	37.1	11.6
	综合大学	2.0	15.8	39.9	30.8	11.5	1.5	12.6	30.8	40.3	14.7
	其他高校	2.3	17.3	43.7	28.3	8.4	1.3	11.9	30.8	41.9	14.1
	总计	2.2	17.2	42.1	28.5	10.0	1.6	13.2	31.3	39.8	14.0

表8-34 按不同隶属关系分普通本科高校的本科生、研究生对教师将科研成果转化为教学内容的评价

单位：%

年份	高校隶属	本科生					研究生				
		完全没有	比较少	有一些	比较多	非常多	完全没有	比较少	有一些	比较多	非常多
2021	中央	1.6	16.8	42.7	29.6	9.3	1.7	12.2	31.4	42.2	12.5
	中央教育部门	1.7	17.4	42.4	29.6	8.9	1.7	12.4	31.4	42.1	12.5
	中央其他部门	1.4	13.1	44.5	29.6	11.4	1.3	10.8	31.6	43.2	13.1
	地方	2.2	18.1	42.1	28.3	9.3	1.7	12.4	31.9	40.2	13.8
	地方教育部门	2.2	18.1	42.1	28.3	9.4	1.6	12.4	31.9	40.2	13.9
	地方其他部门	4.5	16.3	40.4	31.0	7.8	2.8	9.6	36.0	43.3	8.4
	民办	0.6	25.8	44.9	23.0	5.6	—	—	—	—	—
	总计	2.1	17.9	42.2	28.5	9.3	1.7	12.4	31.8	40.6	13.6

续表

年份	高校隶属	本科生					研究生				
		完全没有	比较少	有一些	比较多	非常多	完全没有	比较少	有一些	比较多	非常多
2022	中央	1.8	16.2	38.5	32.5	11.0	2.0	14.4	29.4	41.3	12.8
	中央教育部门	1.5	16.0	39.1	33.2	10.1	1.9	14.5	29.4	41.7	12.5
	中央其他部门	2.7	17.0	36.3	30.1	13.9	2.4	13.7	29.9	39.3	14.7
	地方	2.3	17.3	42.6	28.0	9.8	1.6	12.9	31.7	39.5	14.3
	地方教育部门	2.3	17.3	42.6	28.0	9.8	1.6	12.9	31.6	39.5	14.4
	地方其他部门	2.2	14.3	42.5	27.1	13.9	2.4	12.7	34.3	41.8	8.8
	民办	6.2	18.5	27.7	23.1	24.6	—	—	—	—	—
	总计	2.2	17.2	42.1	28.5	10.0	1.6	13.2	31.3	39.8	14.0

表8-35 按"双一流"建设项目分普通本科高校的本科生、研究生对教师将科研成果转化为教学内容的评价

单位：%

年份	高校分类	本科生					研究生				
		完全没有	比较少	有一些	比较多	非常多	完全没有	比较少	有一些	比较多	非常多
2021	"双一流"建设高校	2.0	18.1	43.4	28.2	8.2	1.7	12.7	31.3	41.9	12.4
	其他高校	2.1	17.8	41.6	28.6	9.9	1.7	12.2	32.1	39.9	14.2
	总计	2.1	17.9	42.2	28.5	9.3	1.7	12.4	31.8	40.6	13.6
2022	"双一流"建设高校	2.0	16.4	39.0	32.0	10.6	1.8	13.3	29.2	41.8	13.8
	其他高校	2.3	17.4	43.0	27.5	9.8	1.6	13.1	32.2	38.9	14.2
	总计	2.2	17.2	42.1	28.5	10.0	1.6	13.2	31.3	39.8	14.0

表8-36　普通本科高校本科生对教师教学与科研关系的看法

单位：%

题项	2021年					2022年				
	非常不同意	比较不同意	一般	比较同意	非常同意	非常不同意	比较不同意	一般	比较同意	非常同意
做科研影响老师对教学的投入程度	12.0	27.6	35.3	17.7	7.3	12.2	30.2	36.9	15.2	5.6
老师做好教学就可以了，不需要开展科研	40.7	35.5	16.8	4.4	2.7	37.6	33.9	19.8	5.5	3.2
那些把科研成果融入教学内容的老师上课更吸引人	1.1	3.0	17.9	43.9	34.1	1.4	3.9	20.3	41.1	33.3
大学老师开展科研有助于提升教学水平	1.0	3.3	22.0	44.0	29.7	1.2	4.1	24.9	42.4	27.5
相比教学，多数老师更重视科研成果	3.6	16.4	48.0	23.5	8.6	3.7	16.2	48.5	23.0	8.7
相比科研，多数老师更重视教学	4.0	18.5	55.5	17.0	5.0	4.3	17.7	55.2	17.2	5.6

2.本科生参与科研课题情况

表8-37　按不同类型分普通本科高校本科生参与科研课题的情况

年份	高校类型	参加教师科研课题的时间（%）					人均参加科研课题的数量（个）	
		从未参加	大一	大二	大三	大四及以上	教师科研课题	独立开展科研课题
2021	理工院校	41.2	12.4	29.4	12.4	4.6	0.89	0.32
	农林院校	23.5	13.8	43.3	15.2	4.2	1.35	0.54
	医药院校	40.7	15.1	28.4	11.6	4.3	0.91	0.31
	综合大学	44.1	9.4	28.5	13.4	4.6	0.82	0.35
	其他高校	56.7	9.9	21.7	9.7	2.0	0.60	0.30
	总计	44.6	11.5	27.9	12.1	3.9	0.83	0.33

年份	高校类型	参加教师科研课题的时间（%）					人均参加科研课题的数量（个）	
		从未参加	大一	大二	大三	大四及以上	教师科研课题	独立开展科研课题
2022	理工院校	45.5	12.0	27.5	11.5	3.4	0.79	0.29
	农林院校	34.9	14.9	36.5	10.6	3.1	1.02	0.39
	医药院校	41.6	13.4	27.0	12.4	5.6	0.84	0.26
	综合大学	40.5	9.9	32.1	13.3	4.2	0.90	0.36
	其他高校	52.8	11.9	22.3	9.8	3.2	0.66	0.32
	总计	45.1	11.9	27.8	11.5	3.7	0.80	0.32

表8–38　按不同隶属关系分普通本科高校本科生参与科研课题的情况

年份	高校隶属	参加教师科研课题的时间（%）					人均参加科研课题的数量（个）	
		从未参加	大一	大二	大三	大四及以上	教师科研课题	独立开展科研课题
2021	中央	31.1	12.9	38.9	13.3	3.7	1.06	0.42
	中央教育部门	33.6	9.8	39.7	13.5	3.4	1.05	0.43
	中央其他部门	16.1	32.1	34.2	12.5	5.2	1.13	0.35
	地方	47.2	11.2	25.8	11.8	4.0	0.79	0.32
	地方教育部门	47.3	11.2	25.7	11.8	4.0	0.78	0.32
	地方其他部门	42.9	9.0	29.8	13.5	4.9	0.91	0.36
	民办	62.4	12.4	16.3	8.4	0.6	0.57	0.19
	总计	44.6	11.5	27.9	12.1	3.9	0.83	0.33
2022	中央	35.7	9.4	33.8	15.4	5.7	1.11	0.42
	中央教育部门	36.7	9.0	34.6	14.4	5.3	1.12	0.43
	中央其他部门	32.3	10.8	30.7	18.9	7.3	1.05	0.40
	地方	46.2	12.2	27.1	11.0	3.5	0.77	0.31
	地方教育部门	46.1	12.2	27.3	11.0	3.4	0.77	0.31
	地方其他部门	49.6	10.2	20.0	12.7	7.5	0.74	0.27
	民办	58.5	13.8	13.8	10.8	3.1	0.52	0.15
	总计	45.1	11.9	27.8	11.5	3.7	0.80	0.32

表8-39   按"双一流"建设项目分普通本科高校本科生参与科研课题的情况

年份	高校分类	参加教师科研课题的时间（%）					人均参加科研课题的数量（个）	
		从未参加	大一	大二	大三	大四及以上	教师科研课题	独立开展科研课题
2021	"双一流"建设高校	40.0	12.1	31.9	12.0	4.1	0.92	0.38
	其他高校	46.9	11.2	25.9	12.1	3.8	0.79	0.31
	总计	44.6	11.5	27.9	12.1	3.9	0.83	0.33
2022	"双一流"建设高校	34.4	10.7	36.5	13.8	4.7	1.10	0.42
	其他高校	47.9	12.2	25.5	10.9	3.5	0.73	0.29
	总计	45.1	11.9	27.8	11.5	3.7	0.80	0.32

3.研究生参与科研课题情况

表8-40   按不同类型分普通本科高校研究生参与科研课题的情况

年份	高校类型	初次参与教师科研课题的时间（%）						人均参与教师及个人的科研课题数量（个）	
		硕士研究生			博士研究生			硕士研究生	博士研究生
		本科阶段	硕士阶段	尚未参加	本科阶段	硕士阶段	博士阶段		
2021	理工院校	16.8	83.0	0.2	15.9	56.1	28.0	1.71	3.37
	农林院校	25.5	74.4	0.1	20.6	58.6	20.8	1.66	3.00
	医药院校	19.0	80.7	0.3	19.0	55.4	25.6	1.81	2.91
	综合大学	23.0	76.8	0.3	17.2	56.1	26.7	1.83	3.18
	其他高校	18.0	81.8	0.2	12.6	52.6	34.8	1.27	2.83
	总计	19.6	80.2	0.2	16.8	55.8	27.4	1.64	3.13
2022	理工院校	16.1	83.6	0.3	15.6	57.4	26.9	1.63	3.38
	农林院校	26.9	72.8	0.3	26.5	56.2	17.2	1.94	3.36
	医药院校	18.3	81.5	0.2	15.2	64.2	20.6	1.90	3.03
	综合大学	23.5	76.1	0.4	19.8	51.8	28.4	1.65	2.96
	其他高校	18.3	81.4	0.2	15.4	56.7	27.9	1.36	2.94
	总计	19.3	80.4	0.3	17.7	56.4	25.9	1.63	3.15

表8-41　按不同隶属关系分普通本科高校研究生参与科研课题的情况

年份	高校隶属	初次参与教师科研课题的时间（%）						人均参与教师及个人的科研课题数量（个）	
		硕士研究生			博士研究生			硕士研究生	博士研究生
		本科阶段	硕士阶段	尚未参加	本科阶段	硕士阶段	博士阶段		
2021	中央	28.7	71.0	0.3	21.4	50.3	28.3	1.80	3.33
	中央教育部门	28.5	71.2	0.3	20.1	51.5	28.4	1.78	3.31
	中央其他部门	29.9	69.9	0.2	30.2	42.4	27.3	1.94	3.46
	地方	17.8	82.0	0.2	15.2	57.7	27.1	1.61	3.06
	地方教育部门	17.7	82.1	0.2	15.2	57.7	27.1	1.60	3.06
	地方其他部门	21.0	79.0	0.0	0.0	100.0	0.0	1.99	4.50
	总计	19.6	80.2	0.2	16.8	55.8	27.4	1.64	3.13
2022	中央	33.4	66.4	0.2	26.0	48.0	26.0	1.89	3.48
	中央教育部门	35.4	64.3	0.3	27.3	47.3	25.5	1.90	3.51
	中央其他部门	22.8	77.2	0.0	13.5	55.2	31.3	1.79	3.10
	地方	16.9	82.8	0.3	14.7	59.4	25.8	1.58	3.03
	地方教育部门	16.9	82.8	0.3	14.7	59.5	25.8	1.56	3.03
	地方其他部门	16.5	83.5	0.0	33.3	33.3	33.3	2.72	1.67
	总计	19.3	80.4	0.3	17.7	56.4	25.9	1.63	3.15

表8-42　按"双一流"建设项目分普通本科高校研究生参与科研课题的情况

年份	高校分类	初次参与教师科研课题的时间（%）						人均参与教师及个人的科研课题数量（个）	
		硕士研究生			博士研究生			硕士研究生	博士研究生
		本科阶段	硕士阶段	尚未参加	本科阶段	硕士阶段	博士阶段		
2021	"双一流"建设高校	24.2	75.5	0.3	19.5	54.2	26.4	1.75	3.21
	其他高校	17.5	82.3	0.2	14.6	57.2	28.2	1.59	3.06
	总计	19.6	80.2	0.2	16.8	55.8	27.4	1.64	3.13
2022	"双一流"建设高校	29.9	69.8	0.3	22.4	52.4	25.2	1.83	3.28
	其他高校	15.4	84.3	0.3	13.8	59.8	26.4	1.55	3.04
	总计	19.3	80.4	0.3	17.7	56.4	25.9	1.63	3.15

4.研究生参与科研工作的兴趣情况

表8-43 按不同类型分普通本科高校研究生参与科研工作的兴趣情况

单位：%

高校类型	研究生参与科研工作的兴趣情况									
	2021年					2022年				
	没兴趣/讨厌	有一点兴趣	一般	比较有兴趣	非常有兴趣	没兴趣/讨厌	有一点兴趣	一般	比较有兴趣	非常有兴趣
理工院校	2.2	7.9	27.0	47.5	15.4	2.0	8.2	27.2	46.4	16.2
农林院校	1.9	8.7	27.1	48.3	14.0	1.9	7.5	22.7	48.9	19.0
医药院校	1.9	7.4	27.5	46.6	16.5	2.1	9.6	28.6	45.0	14.7
综合大学	1.7	7.6	24.1	49.4	17.3	2.1	8.5	24.1	47.3	18.0
其他高校	1.7	9.6	27.8	45.8	15.1	2.2	9.5	24.3	47.5	16.5
总计	1.9	8.2	26.6	47.6	15.7	2.1	8.6	25.6	46.9	16.8

表8-44 按不同隶属关系分普通本科高校研究生参与科研工作的兴趣情况

单位：%

高校隶属	研究生对科研工作的兴趣情况									
	2021年					2022年				
	没兴趣/讨厌	有一点兴趣	一般	比较有兴趣	非常有兴趣	没兴趣/讨厌	有一点兴趣	一般	比较有兴趣	非常有兴趣
中央	2.1	8.3	25.5	49.2	14.9	2.4	8.5	23.3	49.0	16.9
中央教育部门	2.1	8.5	25.9	49.0	14.6	2.2	8.9	23.6	48.7	16.5
中央其他部门	2.0	7.5	23.0	50.6	16.9	3.0	6.4	21.2	50.6	18.8
地方	1.9	8.2	26.9	47.2	15.8	2.0	8.6	26.1	46.5	16.7
地方教育部门	1.9	8.2	26.9	47.2	15.9	2.0	8.6	26.1	46.5	16.7
地方其他部门	3.4	10.7	27.5	49.4	9.0	0.8	10.4	25.5	46.2	17.1
总计	1.9	8.2	26.6	47.6	15.7	2.1	8.6	25.6	46.9	16.8

表8-45 按"双一流"建设项目分普通本科高校研究生参与科研工作的兴趣情况

单位：%

高校分类	研究生对科研工作的兴趣情况									
	2021年					2022年				
	没兴趣/讨厌	有一点兴趣	一般	比较有兴趣	非常有兴趣	没兴趣/讨厌	有一点兴趣	一般	比较有兴趣	非常有兴趣
"双一流"建设高校	2.0	8.1	25.8	49.0	15.1	2.1	8.4	23.3	48.9	17.4
其他高校	1.9	8.3	27.1	46.8	16.0	2.1	8.7	26.7	46.1	16.5
总计	1.9	8.2	26.6	47.6	15.7	2.1	8.6	25.6	46.9	16.8

（三）学生接受创新创业教育状况

表8-46 按不同类型分普通本科高校学生尝试创业的比例

单位：%

年份	高校类型	本科生			研究生		
		尝试创业的比例	参与创新创业社团的比例	选修创新创业课程的比例	尝试创业的比例	参与创新创业社团的比例	选修创新创业课程的比例
2021	理工院校	15.8	34.1	73.4	11.3	15.3	35.8
	农林院校	21.2	38.0	80.4	12.4	13.1	40.7
	医药院校	16.0	29.8	63.9	12.5	15.1	32.6
	综合大学	16.0	28.3	70.8	10.2	12.6	31.7
	其他高校	19.6	28.8	64.0	12.2	12.6	27.9
	总计	17.1	31.0	69.6	11.6	13.9	33.6
2022	理工院校	17.2	32.1	72.4	11.3	16.6	38.2
	农林院校	19.8	34.4	71.4	11.1	16.8	40.1
	医药院校	16.1	32.0	69.3	9.7	14.8	32.3
	综合大学	15.8	29.9	69.1	10.2	14.1	32.9
	其他高校	17.7	29.8	72.7	11.9	14.8	28.5
	总计	17.1	31.2	71.4	11.0	15.5	34.5

表8-47   按不同隶属关系分普通本科高校学生尝试创业的比例

单位：%

年份	高校隶属	本科生			研究生		
		尝试创业的比例	参与创新创业社团的比例	选修创新创业课程的比例	尝试创业的比例	参与创新创业社团的比例	选修创新创业课程的比例
2021	中央	11.1	25.4	71.8	8.3	13.3	30.1
	中央教育部门	11.7	24.7	70.7	7.5	12.8	29.2
	中央其他部门	7.9	29.6	78.6	12.9	16.2	35.5
	地方	18.2	32.1	69.2	12.3	14.0	34.4
	地方教育部门	18.1	32.1	69.0	12.3	14.0	34.4
	地方其他部门	21.2	35.9	89.4	12.9	15.7	31.5
	民办	32.6	35.4	66.9	—	—	—
	总计	17.1	31.0	69.6	11.6	13.9	33.6
2022	中央	12.3	27.4	71.6	7.7	12.2	27.3
	中央教育部门	10.2	24.0	67.9	7.2	12.2	27.0
	中央其他部门	19.5	39.5	84.7	10.7	12.2	29.5
	地方	17.7	31.6	71.5	11.7	16.2	36.0
	地方教育部门	17.5	31.4	71.2	11.7	16.2	36.1
	地方其他部门	27.3	42.2	81.6	12.7	14.3	33.1
	民办	9.2	44.6	43.1	—	—	—
	总计	17.1	31.2	71.4	11.0	15.5	34.5

表8-48   按"双一流"建设项目分普通本科高校的学生尝试创业的比例

单位：%

年份	高校分类	本科生			研究生		
		尝试创业的比例	参与创新创业社团的比例	选修创新创业课程的比例	尝试创业的比例	参与创新创业社团的比例	选修创新创业课程的比例
2021	"双一流"建设高校	13.0	25.5	69.8	9.4	12.4	30.4
	其他高校	19.2	33.8	69.6	12.7	14.6	35.3
	总计	17.1	31.0	69.6	11.6	13.9	33.6
2022	"双一流"建设高校	12.1	26.8	70.2	8.6	13.0	31.0
	其他高校	18.4	32.4	71.7	12.1	16.6	36.1
	总计	17.1	31.2	71.4	11.0	15.5	34.5

（四）学生参与产学研合作活动情况

1.本科生参与产学研合作活动情况

表8-49　按不同类型分普通本科高校本科生参与企业委托科研项目的情况及态度

单位：%

年份	高校类型	参与企业委托科研项目的重要性					参与企业委托科研项目的意愿				
		完全不重要	比较不重要	一般	比较重要	非常重要	完全不愿意	比较不愿意	一般	比较愿意	非常愿意
2021	理工院校	1.5	3.4	22.6	53.1	19.5	1.4	2.9	20.7	46.8	28.2
	农林院校	1.1	2.6	18.9	53.0	24.3	1.0	2.2	16.9	47.2	32.7
	医药院校	1.2	3.6	27.8	51.1	16.3	1.3	3.0	25.2	46.0	24.6
	综合大学	1.6	3.8	24.0	53.5	17.1	1.7	3.8	22.8	46.7	25.1
	其他高校	1.8	4.1	25.7	49.9	18.5	1.8	4.0	24.7	43.2	26.4
	总计	1.5	3.6	24.2	52.2	18.5	1.5	3.4	22.6	45.8	26.8
2022	理工院校	2.2	4.3	25.6	49.2	18.7	2.0	3.7	24.2	44.8	25.3
	农林院校	1.7	3.5	21.5	52.6	20.7	1.3	2.5	21.4	44.1	30.6
	医药院校	2.5	3.1	26.3	50.3	17.7	1.9	3.5	25.4	44.5	24.7
	综合大学	1.9	4.0	23.1	51.9	19.1	1.9	3.9	23.2	45.5	25.5
	其他高校	2.1	4.1	27.0	51.3	15.5	2.1	4.6	26.1	44.2	23.0
	总计	2.1	4.0	25.2	50.6	18.0	2.0	3.9	24.3	44.7	25.1

表8-50　按不同隶属关系分普通本科高校本科生参与企业委托科研项目的情况及态度

单位：%

年份	高校隶属	参与企业委托科研项目的重要性					参与企业委托科研项目的意愿				
		完全不重要	比较不重要	一般	比较重要	非常重要	完全不愿意	比较不愿意	一般	比较愿意	非常愿意
2021	中央	1.3	4.1	25.2	53.2	16.2	1.6	3.6	21.0	48.6	25.2
	中央教育部门	1.4	4.0	25.4	52.9	16.3	1.6	3.8	21.2	48.4	25.0
	中央其他部门	0.5	4.7	23.7	55.6	15.5	1.5	2.9	19.8	49.7	26.1
	地方	1.6	3.6	23.9	52.0	18.9	1.5	3.3	22.9	45.3	27.1
	地方教育部门	1.6	3.6	23.9	52.0	18.9	1.5	3.3	22.9	45.3	27.1
	地方其他部门	2.0	1.2	24.1	51.0	21.6	2.0	3.7	23.7	43.3	27.3
	民办	0.6	2.8	28.1	47.8	20.8	0.0	4.5	25.3	42.1	28.1
	总计	1.5	3.6	24.2	52.2	18.5	1.5	3.4	22.6	45.8	26.8

续表

年份	高校隶属	参与企业委托科研项目的重要性					参与企业委托科研项目的意愿				
		完全不重要	比较不重要	一般	比较重要	非常重要	完全不愿意	比较不愿意	一般	比较愿意	非常愿意
2022	中央	1.8	4.5	24.4	53.9	15.4	1.7	4.3	20.2	50.5	23.3
	中央教育部门	1.9	4.7	25.4	54.7	13.3	1.6	4.5	21.3	52.0	20.5
	中央其他部门	1.2	3.9	21.2	50.9	22.8	1.9	3.4	16.4	45.2	33.1
	地方	2.1	4.0	25.3	50.3	18.4	2.0	3.8	24.9	44.0	25.3
	地方教育部门	2.1	4.0	25.3	50.3	18.3	2.0	3.9	24.9	44.1	25.2
	地方其他部门	2.5	3.1	24.1	48.6	21.6	2.2	2.2	24.5	41.4	29.8
	民办	3.1	6.2	21.5	44.6	24.6	1.5	1.5	20.0	41.5	35.4
	总计	2.1	4.0	25.2	50.6	18.0	2.0	3.9	24.3	44.7	25.1

表8-51 按"双一流"建设项目分普通本科高校本科生参与企业委托科研项目的情况及态度

单位：%

年份	高校分类	参与企业委托科研项目的重要性					参与企业委托科研项目的意愿				
		完全不重要	比较不重要	一般	比较重要	非常重要	完全不愿意	比较不愿意	一般	比较愿意	非常愿意
2021	"双一流"建设高校	1.5	3.9	24.9	53.2	16.4	1.6	3.5	21.9	47.9	25.1
	其他高校	1.5	3.5	23.8	51.6	19.5	1.5	3.3	22.9	44.8	27.6
	总计	1.5	3.6	24.2	52.2	18.5	1.5	3.4	22.6	45.8	26.8
2022	"双一流"建设高校	1.6	4.0	23.6	54.0	16.8	1.5	3.8	21.0	49.4	24.4
	其他高校	2.2	4.0	25.6	49.7	18.4	2.1	3.9	25.2	43.5	25.3
	总计	2.1	4.0	25.2	50.6	18.0	2.0	3.9	24.3	44.7	25.1

2.研究生参与产学研合作活动的情况

表8-52　按不同类型分普通本科高校研究生对企业委托科研项目的情况及态度

单位：%

年份	高校类型	参与企业委托科研项目的重要性					参与企业委托科研项目的意愿				
		完全不重要	比较不重要	一般	比较重要	非常重要	完全不愿意	比较不愿意	一般	比较愿意	非常愿意
2021	理工院校	1.0	3.6	28.1	51.8	15.6	1.2	3.8	29.4	48.4	17.2
	农林院校	1.2	3.5	34.1	49.0	12.2	1.3	4.9	34.4	46.6	12.9
	医药院校	1.3	4.0	42.0	43.2	9.5	1.1	4.9	41.3	40.7	12.0
	综合大学	0.9	4.0	31.6	51.8	11.7	1.2	4.2	31.9	48.9	13.9
	其他高校	1.3	3.3	30.1	52.5	12.9	1.5	3.9	31.4	47.2	15.9
	总计	1.1	3.6	31.5	50.6	13.1	1.3	4.2	32.3	47.2	15.1
2022	理工院校	1.0	3.4	28.0	51.5	16.1	1.4	4.1	30.4	46.8	17.3
	农林院校	1.1	4.0	31.1	51.2	12.5	1.7	4.8	30.9	47.5	15.1
	医药院校	1.7	4.6	45.0	40.3	8.5	1.9	4.9	42.2	40.6	10.5
	综合大学	1.2	4.0	32.7	49.1	13.0	1.4	5.4	32.6	45.8	14.8
	其他高校	1.2	3.8	31.5	51.6	11.8	1.3	4.9	32.7	46.0	15.1
	总计	1.2	3.8	31.7	49.9	13.5	1.4	4.7	32.5	45.9	15.5

表8-53　按不同隶属关系分普通本科高校研究生企业委托科研项目的情况及态度

单位：%

年份	高校隶属	参与企业委托科研项目的重要性					参与企业委托科研项目的意愿				
		完全不重要	比较不重要	一般	比较重要	非常重要	完全不愿意	比较不愿意	一般	比较愿意	非常愿意
2021	中央	1.2	4.2	32.1	50.7	11.8	1.5	5.5	31.8	47.5	13.6
	中央教育部门	1.3	4.2	32.4	50.6	11.5	1.6	5.8	31.7	47.7	13.2
	中央其他部门	0.7	4.6	30.5	50.9	13.2	0.9	3.9	32.2	46.7	16.4
	地方	1.1	3.5	31.4	50.6	13.4	1.2	3.9	32.4	47.1	15.5
	地方教育部门	1.0	3.5	31.3	50.6	13.5	1.2	3.9	32.4	47.1	15.5
	地方其他部门	1.7	2.8	34.8	51.7	9.0	1.7	3.9	33.1	50.6	10.7
	总计	1.1	3.6	31.5	50.6	13.1	1.3	4.2	32.3	47.2	15.1

中国普通高校创新能力监测报告 2024

续表

年份	高校隶属	参与企业委托科研项目的重要性					参与企业委托科研项目的意愿				
		完全不重要	比较不重要	一般	比较重要	非常重要	完全不愿意	比较不愿意	一般	比较愿意	非常愿意
2022	中央	1.5	5.2	32.0	48.9	12.4	1.7	6.8	30.3	46.7	14.5
	中央教育部门	1.4	5.5	33.1	48.5	11.5	1.6	7.2	31.1	46.5	13.6
	中央其他部门	2.1	3.4	25.2	51.5	17.7	2.1	4.7	25.0	48.3	19.9
	地方	1.1	3.5	31.6	50.1	13.7	1.4	4.2	33.0	45.7	15.6
	地方教育部门	1.1	3.5	31.6	50.1	13.8	1.4	4.3	33.0	45.7	15.7
	地方其他部门	3.2	2.8	31.1	51.4	11.6	2.4	3.2	29.5	50.6	14.3
	总计	1.2	3.8	31.7	49.9	13.5	1.4	4.7	32.5	45.9	15.5

表8-54 按"双一流"建设项目分普通本科高校研究生参与企业委托科研项目的情况及态度

单位：%

年份	高校分类	参与企业委托科研项目的重要性					参与企业委托科研项目的意愿				
		完全不重要	比较不重要	一般	比较重要	非常重要	完全不愿意	比较不愿意	一般	比较愿意	非常愿意
2021	"双一流"建设高校	1.0	4.1	32.3	50.9	11.7	1.3	5.0	32.2	47.9	13.6
	其他高校	1.1	3.4	31.1	50.5	13.9	1.2	3.7	32.3	46.8	15.9
	总计	1.1	3.6	31.5	50.6	13.1	1.3	4.2	32.3	47.2	15.1
2022	"双一流"建设高校	1.3	4.7	32.5	49.2	12.3	1.7	6.0	31.5	46.5	14.4
	其他高校	1.1	3.4	31.3	50.2	14.0	1.4	4.1	33.0	45.7	15.9
	总计	1.2	3.8	31.7	49.9	13.5	1.4	4.7	32.5	45.9	15.5

3.研究生参与企业委托或与企业合作的科研项目的情况

表8-55　按不同类型分普通本科高校研究生参与企业委托或与企业合作的科研项目的情况

单位：%

高校类型	参与企业委托或与企业合作的科研项目的情况									
	2021年					2022年				
	没参加过	比较少	一般	比较多	非常多	没参加过	比较少	一般	比较多	非常多
理工院校	40.6	17.4	25.2	13.6	3.1	40.9	17.1	25.6	13.1	3.4
农林院校	51.5	18.5	20.1	7.9	1.9	46.2	18.9	23.1	10.0	1.9
医药院校	65.8	14.6	14.3	4.2	1.0	68.2	13.9	13.1	3.8	0.9
综合大学	53.1	16.7	19.7	8.7	1.8	54.0	15.4	19.5	8.8	2.4
其他高校	64.6	16.2	13.5	4.3	1.5	60.9	16.1	16.5	5.4	1.1
总计	52.3	16.8	19.8	8.9	2.1	51.1	16.3	20.9	9.3	2.3

表8-56　按不同隶属分普通本科高校研究生参与企业委托或与企业合作的科研项目的情况

单位：%

高校隶属	参与企业委托或与企业合作的科研项目的情况									
	2021年					2022年				
	没参加过	比较少	一般	比较多	非常多	没参加过	比较少	一般	比较多	非常多
中央	47.7	15.3	21.8	12.3	2.8	50.0	14.3	19.2	13.6	2.9
中央教育部门	48.0	15.3	21.8	12.1	2.9	49.2	14.7	18.7	14.3	3.1
中央其他部门	46.0	15.6	22.2	13.8	2.4	54.9	11.5	21.8	9.6	2.1
地方	53.4	17.2	19.3	8.1	2.0	51.3	16.7	21.3	8.4	2.2
地方教育部门	53.4	17.2	19.3	8.1	2.0	51.4	16.7	21.3	8.4	2.2
地方其他部门	52.2	16.3	20.2	10.1	1.1	47.4	18.7	20.7	10.4	2.8
总计	52.3	16.8	19.8	8.9	2.1	51.1	16.3	20.9	9.3	2.3

表8-57　按"双一流"建设项目分普通本科高校研究生参与企业委托或与企业合作的科研项目的情况

单位：%

高校分类	参与企业委托或与企业合作的科研项目的情况									
	2021年					2022年				
	没参加过	比较少	一般	比较多	非常多	没参加过	比较少	一般	比较多	非常多
"双一流"建设高校	50.7	15.6	20.9	10.4	2.4	52.6	14.6	19.0	11.3	2.5
其他高校	53.2	17.5	19.2	8.1	2.0	50.4	17.1	21.7	8.5	2.3
总计	52.3	16.8	19.8	8.9	2.1	51.1	16.3	20.9	9.3	2.3

4.本科生、研究生与企业开展合作项目情况

表8-58　按不同类型分普通本科高校本科生与企业开展合作项目情况

单位：%

年份	高校类型	参与企业合作活动的主要方面						
		产品研发	产品设计	解决流程或管理的实际问题	前沿探索性理论研究	产品销售或宣传	参观实习	其他
2021	理工院校	17.4	21.8	26.5	23.3	26.8	72.2	43.3
	农林院校	18.1	23.8	31.4	29.5	36.5	77.8	50.2
	医药院校	13.4	16.8	19.0	17.9	23.4	58.2	33.6
	综合大学	16.7	20.8	26.3	23.4	28.9	71.6	43.4
	其他高校	12.5	16.9	21.9	19.7	29.6	62.1	40.9
	总计	15.7	20.0	24.9	22.3	28.2	68.6	42.2
2022	理工院校	17.9	23.1	27.7	23.6	28.9	71.0	40.5
	农林院校	17.3	22.8	25.2	25.1	32.3	71.2	42.1
	医药院校	16.3	19.6	22.7	22.2	26.3	62.6	37.2
	综合大学	17.6	21.9	27.5	25.3	28.7	73.1	40.3
	其他高校	12.2	16.3	22.2	18.9	25.5	60.9	37.5
	总计	16.4	21.0	25.8	22.9	28.1	68.5	39.6

注：因调查题目为多选题，所以有叠加项，各项占比相加不为100%。下同。

表8-59　按不同隶属分普通本科高校本科生与企业开展合作项目情况

单位：%

年份	高校隶属	参与企业合作活动的主要方面						
		产品研发	产品设计	解决流程或管理的实际问题	前沿探索性理论研究	产品销售或宣传	参观实习	其他
2021	中央	17.0	19.5	26.7	24.5	23.6	73.8	38.6
	中央教育部门	17.6	19.7	27.2	24.4	24.2	73.4	39.0
	中央其他部门	13.2	18.5	23.4	25.4	19.5	76.3	36.4
	地方	15.5	20.1	24.5	21.8	29.1	67.5	43.0
	地方教育部门	15.5	20.1	24.5	21.8	29.1	67.4	57.1
	地方其他部门	13.1	17.2	20.0	23.4	28.3	81.4	53.1
	民办	18.3	25.8	32.5	23.3	42.5	61.7	61.7
	总计	15.7	20.0	24.9	22.3	28.2	68.6	57.8
2022	中央	16.5	20.3	26.3	24.5	23.9	76.0	36.9
	中央教育部门	14.2	17.8	24.4	22.3	20.8	75.8	35.2
	中央其他部门	24.4	28.7	32.9	31.9	34.1	76.8	42.8
	地方	16.4	21.1	25.7	22.7	28.6	67.6	40.0
	地方教育部门	16.4	21.0	25.6	22.7	28.4	67.5	40.0
	地方其他部门	16.8	22.4	31.5	20.2	36.4	72.9	37.7
	民办	20.0	20.0	40.0	33.3	30.0	53.3	30.0
	总计	16.4	21.0	25.8	22.9	28.1	68.5	39.6

表8-60　按"双一流"建设项目分普通本科高校本科生与企业开展合作项目情况

单位：%

年份	高校分类	参与企业合作活动的主要方面						
		产品研发	产品设计	解决流程或管理的实际问题	前沿探索性理论研究	产品销售或宣传	参观实习	其他
2021	"双一流"建设高校	15.9	19.3	25.4	22.7	24.6	70.3	38.4
	其他高校	15.6	20.4	24.7	22.1	30.1	67.7	44.0
	总计	15.7	20.0	24.9	22.3	28.2	68.6	42.2
2022	"双一流"建设高校	16.8	21.1	26.4	24.8	24.7	74.7	36.9
	其他高校	16.3	21.0	25.6	22.4	29.0	66.8	40.4
	总计	16.4	21.0	25.8	22.9	28.1	68.5	39.6

表8-61 按不同类型分普通本科高校研究生与企业开展合作项目情况

单位：%

年份	高校类型	参与企业合作活动的主要方面						
		产品研发	产品设计	解决流程或管理的实际问题	前沿探索性理论研究	产品销售或宣传	参观实习	其他
2021	理工院校	40.5	41.0	46.0	52.0	14.5	67.2	46.9
	农林院校	27.2	25.3	38.2	40.5	17.7	64.4	46.5
	医药院校	29.1	24.9	27.9	35.7	16.0	47.0	34.6
	综合大学	35.1	31.5	38.5	47.1	15.4	64.9	42.9
	其他高校	20.0	19.1	31.0	39.3	17.1	61.5	44.3
	总计	33.6	32.3	39.8	46.2	15.6	63.9	44.7
2022	理工院校	40.7	39.2	47.2	51.4	16.5	68.5	47.1
	农林院校	32.6	29.9	44.7	48.9	20.3	70.8	47.7
	医药院校	24.5	20.4	26.1	35.3	13.5	45.5	28.8
	综合大学	32.4	30.8	40.2	47.8	14.4	64.6	42.2
	其他高校	22.7	25.1	32.8	40.9	18.1	64.1	43.7
	总计	34.1	33.0	41.8	47.6	16.5	65.7	44.4

表8-62 按不同隶属分普通本科高校研究生与企业开展合作项目情况

单位：%

年份	高校隶属	参与企业合作活动的主要方面						
		产品研发	产品设计	解决流程或管理的实际问题	前沿探索性理论研究	产品销售或宣传	参观实习	其他
2021	中央	41.3	38.0	44.9	51.7	13.7	63.6	41.0
	中央教育部门	40.0	37.4	44.7	51.6	13.3	63.0	40.8
	中央其他部门	49.0	41.8	46.3	52.7	16.0	67.3	41.8
	地方	31.6	30.9	38.4	44.8	16.1	64.0	45.6
	地方教育部门	31.5	30.8	38.5	44.8	16.1	64.1	45.6
	地方其他部门	43.5	40.0	32.9	47.1	22.4	62.4	43.5
	总计	33.6	32.3	39.8	46.2	15.6	63.9	44.7

年份	高校隶属	参与企业合作活动的主要方面						
		产品研发	产品设计	解决流程或管理的实际问题	前沿探索性理论研究	产品销售或宣传	参观实习	其他
2022	中央	38.5	36.8	46.7	54.6	13.3	66.1	41.7
	中央教育部门	37.2	35.7	46.9	55.1	12.6	66.6	41.9
	中央其他部门	46.9	44.5	45.0	51.2	18.0	62.1	39.8
	地方	33.2	32.2	40.7	46.2	17.2	65.7	45.0
	地方教育部门	33.1	32.3	40.5	46.0	17.1	65.6	45.1
	地方其他部门	37.9	28.0	52.3	55.3	18.9	66.7	42.4
	总计	34.1	33.0	41.8	47.6	16.5	65.7	44.4

表8-63 按"双一流"建设项目分普通本科高校研究生与企业开展合作项目情况

单位：%

年份	高校分类	参与企业合作活动的主要方面						
		产品研发	产品设计	解决流程或管理的实际问题	前沿探索性理论研究	产品销售或宣传	参观实习	其他
2021	"双一流"建设高校	36.8	33.8	41.6	48.8	14.1	62.7	42.4
	其他高校	31.8	31.5	38.7	44.8	16.5	64.6	45.9
	总计	33.6	32.3	39.8	46.2	15.6	63.9	44.7
2022	"双一流"建设高校	35.5	33.5	44.0	51.6	13.7	64.2	41.4
	其他高校	33.5	32.8	40.8	46.0	17.7	66.4	45.7
	总计	34.1	33.0	41.8	47.6	16.5	65.7	44.4

（五）创新人才培养的环境

1.学校创新人才培养氛围

表8-64 普通本科高校本科生关于学校对创新人才培养氛围的评价

单位：%

学生认为学校对以下方面的重视程度	2021年					2022年				
	完全不重视	不太重视	一般	比较重视	非常重视	完全不重视	不太重视	一般	比较重视	非常重视
具有创新创业的意识和素养	1.1	4.3	27.1	44.6	22.9	1.3	4.8	28.5	43.3	22.1
营造平等、民主、开放、自由的学术氛围	1.0	3.6	24.6	43.1	27.8	1.2	3.8	26.1	42.1	26.9
本科生参与到教师的科研项目之中	1.5	6.8	31.6	38.7	21.4	1.6	6.3	32.6	38.1	21.4
本科生参与创新创业大赛和科技类竞赛	0.7	2.9	23.7	43.2	29.5	1.0	3.5	24.9	42.0	28.6
在人才培养上与行业、企业紧密结合	1.2	5.6	31.9	39.6	21.7	1.4	5.6	31.8	39.1	22.0
强调学生掌握多学科知识、具有跨学科视野	1.0	4.0	26.2	42.3	26.5	1.1	4.4	27.2	41.0	26.3
为学生创新创业提供支持与帮助	0.8	3.5	25.5	42.5	27.6	1.2	4.0	27.0	41.5	26.3
对学术道德和学术规范的严格遵守	0.6	2.3	19.3	39.9	37.9	0.8	2.6	21.1	39.3	36.1
强调对科研伦理的学习与遵循	0.6	2.5	22.0	41.6	33.2	0.8	3.0	23.5	40.5	32.2
对抄袭和学术不端问题严肃处理	0.6	2.2	16.2	34.9	46.1	0.8	2.4	17.9	34.8	44.1
弘扬和传承科学家精神	0.6	2.3	20.1	38.8	38.2	0.9	2.5	21.5	38.4	36.6
强调实事求是的科研态度	0.6	1.8	16.9	38.2	42.5	0.8	2.3	18.6	38.0	40.3
支持各类科技创新成果有效转化	0.6	2.4	22.0	39.5	35.4	0.8	2.9	23.2	38.7	34.4

表8-65 普通本科高校研究生关于学校对创新人才培养氛围的评价

单位：%

学生认为学校对以下方面的重视程度	2021年					2022年				
	完全不重视	不太重视	一般	比较重视	非常重视	完全不重视	不太重视	一般	比较重视	非常重视
科研工作具有创新性	0.8	2.9	23.7	45.8	26.8	0.8	2.9	23.5	45.8	27.0
科研氛围平等、民主、开放、自由	1.1	3.0	24.1	44.1	27.7	1.1	3.1	23.7	43.9	28.2
跨学科合作、多学科交叉的科研工作	0.9	4.0	28.2	42.3	24.5	0.8	3.7	27.2	42.5	25.8
与国外同行进行学术交流与科研合作	1.8	7.5	32.2	36.4	22.1	1.7	7.3	31.5	37.0	22.6

学生认为学校对以下方面的重视程度	2021年					2022年				
	完全不重视	不太重视	一般	比较重视	非常重视	完全不重视	不太重视	一般	比较重视	非常重视
与企业、研究所等其他机构协同合作	1.2	5.5	31.6	40.3	21.4	1.1	5.4	31.1	40.1	22.3
为研究生创新创业提供支持与帮助	1.4	5.7	30.1	39.2	23.5	1.4	5.5	29.7	39.7	23.6
对学术道德和学术规范的严格遵守	0.4	1.3	13.6	35.4	49.4	0.4	1.4	14.0	35.2	49.0
强调对科研伦理的学习与遵循	0.4	1.6	16.0	39.0	43.0	0.4	1.5	16.6	38.3	43.2
对抄袭和学术不端问题严肃处理	0.3	1.1	11.1	32.6	54.9	0.3	1.1	11.6	32.3	54.7
弘扬和传承科学家精神	0.6	1.8	17.3	36.9	43.4	0.6	1.8	17.7	36.8	43.0
强调实事求是的科研态度	0.4	1.1	12.7	36.5	49.2	0.4	1.2	13.6	36.5	48.3
支持各类科技创新成果有效转化	0.5	2.2	19.7	38.9	38.7	0.5	2.3	20.1	38.1	39.0

2.学生开展科技创新的基础条件

表8-66　普通本科高校本科生对学校科技创新条件的评价

单位：%

学生对学校创新条件的评价	2021年					2022年				
	从未	偶尔	有时	较常	经常	从未	偶尔	有时	较常	经常
通过图书馆系统能够找到所需要的文献资源	2.5	8.8	25.0	32.4	31.3	2.8	9.2	26.8	31.6	29.6
实验室开放时间和实验设备能够满足你的科研需求	5.7	12.3	26.8	30.5	24.7	5.7	12.0	28.0	30.1	24.2
电子信息设备及网络条件能够满足你的学习需求	1.7	7.8	23.0	34.8	32.6	1.9	8.3	24.6	33.9	31.3
教师能为本科生科研创新项目提供充分指导和咨询	1.7	8.2	23.6	34.0	32.5	1.8	8.8	25.5	33.0	31.0
本科生开展科技创新活动能够得到一定的经费支持	4.4	12.1	27.9	29.6	26.0	4.4	12.4	29.5	29.1	24.5
学校或老师能够为学生提供与企业合作交流的机会	4.0	13.9	30.6	27.9	23.6	3.8	13.0	31.7	28.0	23.4

表8-67　普通本科高校研究生对学校科技创新条件的评价

单位：%

学生对学校创新条件的评价	2021年					2022年				
	从未	偶尔	有时	较常	经常	从未	偶尔	有时	较常	经常
通过图书馆系统能够找到所需要的文献资源	1.0	6.0	16.7	32.8	43.5	1.4	6.7	18.1	33.2	40.5
实验室开放时间和实验设备能够满足你的科研需求	2.6	6.7	18.8	33.6	38.3	2.9	7.4	19.6	33.3	36.8
导师能为研究生学术成长给予充分指导和支持	0.8	5.0	15.4	31.6	47.3	0.7	5.2	15.7	32.1	46.3
电子信息设备及网络条件能够满足你的学习需求	0.7	3.9	15.1	35.3	45.1	0.7	4.3	15.6	35.2	44.2
做科研项目有较为充足的经费保障	2.8	8.2	21.0	31.4	36.6	3.3	8.9	21.7	31.2	34.9
学校或老师为研究生提供与企业合作交流的机会	7.4	13.6	26.0	26.1	26.9	6.7	12.9	26.8	26.1	27.5

表8-68　阻碍普通本科高校学生参加科研创新项目的原因

单位：%

年份	阻碍学生参加科研创新项目的原因	本科生					研究生				
		没有阻碍	阻碍较小	一般	阻碍较大	极大阻碍	没有阻碍	阻碍较小	一般	阻碍较大	极大阻碍
2021	缺乏经费支持	8.3	18.7	43.9	22.2	7.0	17.8	21.3	37.3	17.1	6.4
	科研创新的项目或活动较少	8.1	17.2	45.2	23.8	5.8	13.1	19.4	44.7	18.2	4.6
	缺乏信息来源	7.9	17.0	38.8	27.5	8.9	14.3	20.2	38.6	20.5	6.4
	缺乏教师的指导和支持	13.4	21.4	39.5	19.3	6.4	23.4	23.9	33.8	14.0	5.0
	不感兴趣	13.2	19.7	42.0	16.5	8.6	19.3	23.3	39.6	11.9	5.9
	时间不足	6.6	16.0	41.0	27.8	8.6	14.2	21.0	38.3	20.2	6.4
	科研创新项目资源有限	7.0	15.4	41.9	27.9	7.9	13.4	18.6	40.4	21.7	5.9
	个人发展不需要	16.3	22.3	44.3	12.4	4.8	18.5	23.7	43.7	10.2	3.9
	其他原因	20.0	15.3	55.3	6.5	2.9	26.3	16.7	50.7	4.4	1.9

年份	阻碍学生参加科研创新项目的原因	本科生					研究生				
		没有阻碍	阻碍较小	一般	阻碍较大	极大阻碍	没有阻碍	阻碍较小	一般	阻碍较大	极大阻碍
2022	缺乏经费支持	7.6	18.5	45.2	21.5	7.2	16.5	21.2	37.0	18.0	7.3
	科研创新的项目或活动较少	7.5	17.8	46.8	21.8	6.1	12.7	19.4	44.1	18.8	5.0
	缺乏信息来源	7.0	16.6	40.1	26.1	10.2	13.1	19.7	38.7	21.6	7.0
	缺乏教师的指导和支持	12.1	21.3	41.2	18.7	6.8	22.9	23.5	33.9	14.1	5.7
	不感兴趣	12.3	20.2	43.2	16.1	8.2	19.6	23.1	39.8	11.7	5.8
	时间不足	6.7	16.4	42.3	25.6	9.0	13.9	20.9	38.4	20.1	6.8
	科研创新项目资源有限	6.8	15.6	43.2	26.1	8.4	13.0	18.5	40.2	21.9	6.5
	个人发展不需要	14.8	22.1	45.7	12.3	5.2	19.0	23.1	43.9	10.1	3.9
	其他原因	19.3	15.8	55.7	6.3	2.9	26.4	16.3	51.1	4.2	2.1

附录1 普通高校创新调查对象

1.参加"普通高校创新信息采集"的高校基本情况

截至2022年5月1日，共有2412所高校参加了"2021年度普通高校创新信息采集"。截至2023年5月1日，共有2578所高校参加了"2022年度普通高校创新信息采集"工作。

附表1-1 参与调查学校的性质类别分布

办学类型	2021年填报学校数量（所）	2022年填报学校数量（所）
综合大学	590	615
理工院校	857	914
农业院校	75	81
林业院校	19	19
医药院校	194	211
师范院校	219	241
语文院校	41	49
财经院校	237	250
政法院校	55	61
体育院校	31	33
艺术院校	76	86
民族院校	18	18

附表1-2 参与调查学校的规格分布

学校规格	2021年填报学校数量（所）	2022年填报学校数量（所）
本科	1178	1227
其中：独立学院	132	135
专科	1234	1351

附表1-3　参与调查学校的学校隶属分布

学校隶属	2021年填报学校数量（所）	2022年填报学校数量（所）
中央部门	110	116
教育部门	73	76
其他部门	37	40
地方	1684	1789
教育部门	1137	1223
其他部门	500	514
具有法人资格的中外合作办学	8	13
地方企业	39	39
民办	618	673

附表1-4　参与调查学校进入重点建设项目的分布

学校类型	2021年填报学校数量（所）	2022年填报学校数量（所）
双一流建设普通本科院校	132	143
其他普通本科院校	1016	1052
双高建设高职院校	190	195
其他高职专科院校	1049	1161
其他高职本科院校	25	27

附表1-5　参与调查学校的地区分布

地区	2021年填报学校数量（所）	2022年填报学校数量（所）
北　京	65	88
天　津	55	54
河　北	119	121
山　西	67	72
内蒙古	46	47
辽　宁	96	94
吉　林	66	66
黑龙江	80	78
上　海	61	61
江　苏	154	165

续表

地　区	2021年填报学校数量（所）	2022年填报学校数量（所）
浙　江	107	107
安　徽	107	113
福　建	84	88
江　西	86	100
山　东	137	142
河　南	121	136
湖　北	93	104
湖　南	99	112
广　东	152	159
广　西	69	81
海　南	21	21
重　庆	68	67
四　川	111	119
贵　州	67	74
云　南	57	80
西　藏	6	6
陕　西	92	92
甘　肃	46	47
青　海	11	11
宁　夏	19	20
新　疆	50	53
总　计	2412	2578

2. 普通本科高校教师创新情况调查的样本分布

截至2022年9月1日，全国共有16 523位同时担任教学和科研工作的普通本科高校教师参与了2021年度个人创新情况调查。截至2023年9月1日，全国共有17 983位同时担任教学和科研工作的普通本科高校教师参与了2022年度个人创新情况调查。

附表1-6　按学校性质类别分教师样本分布情况

学校性质类别	2021年		2022年	
	有效样本量（人）	有效百分比（%）	有效样本量（人）	有效百分比（%）
理工院校	6073	36.75	6999	38.92
农林院校	1240	7.50	1331	7.40
医药院校	2075	12.56	1691	9.40
综合大学	3551	21.49	4133	22.98
其他高校	3584	21.69	3829	21.29
总计	16 523	100.00	17 983	100.00

附表1-7　按学校隶属分教师样本分布情况

学校隶属	2021年		2022年	
	有效样本量（人）	有效百分比（%）	有效样本量（人）	有效百分比（%）
中央	2738	16.57	2430	13.51
中央教育部门	2390	14.46	1886	10.49
中央其他部门	348	2.11	544	3.03
地方	13 696	82.89	15 540	86.42
地方教育部门	13 435	81.31	14 979	83.30
地方其他部门	261	1.58	561	3.12
民办	89	0.54	13	0.07
总计	16 523	100.00	17 983	100.00

附表1-8　按"双一流"建设项目分教师样本分布情况

学校分类	2021年		2022年	
	有效样本量（人）	有效百分比（%）	有效样本量（人）	有效百分比（%）
"双一流"建设高校	5153	31.19	4483	24.93
其他高校	11 370	68.81	13 500	75.07
总计	16 523	100.00	17 983	100.00

3.普通本科高校学生创新情况调查的样本分布

截至2022年9月1日，全国共有27 891位本科生和21 179位研究生参与了2021年度个人创新情况调查。截至2023年9月1日，全国共有26 848位本科生和19 385位研究生参与了2022年度个人创新情况调查。

（1）本科生调查

附表1-9　不同类型院校的本科生样本分布情况

学校类型	2021年		2022年	
	有效样本量（人）	有效百分比（%）	有效样本量（人）	有效百分比（%）
理工院校	9073	32.53	10 308	38.39
农林院校	1536	5.51	1864	6.94
医药院校	3685	13.21	2515	9.37
综合大学	6804	24.39	5752	21.42
其他高校	6793	24.36	6409	23.87
总计	27 891	100.00	26 848	100.00

附表1-10　不同隶属关系的院校本科生样本分布情况

学校隶属	2021年		2022年	
	有效样本量（人）	有效百分比（%）	有效样本量（人）	有效百分比（%）
中央	4635	16.62	2888	10.76
中央教育部门	3977	14.26	2247	8.37
中央其他部门	658	2.36	641	2.39
地方	23 078	82.74	23 895	89.00
地方教育部门	22 833	81.87	23 385	87.10
地方其他部门	245	0.88	510	1.90
民办	178	0.64	65	0.24
总计	27 891	100.00	26 848	100.00

附表1-11 "双一流"建设高校的本科生样本分布情况

学校分类	2021年		2022年	
	有效样本量（人）	有效百分比（%）	有效样本量（人）	有效百分比（%）
"双一流"建设高校	9278	33.27	5651	21.05
其他高校	18 613	66.73	21 197	78.95
总计	27 891	100.00	26 848	100.00

（2）研究生调查

附表1-12 不同类型院校的研究生样本分布情况

学校类型	2021年		2022年	
	有效样本量（人）	有效百分比（%）	有效样本量（人）	有效百分比（%）
理工院校	7314	34.53	7329	37.81
农林院校	2841	13.41	1618	8.35
医药院校	2263	10.69	1772	9.14
综合大学	4401	20.78	4653	24.00
其他高校	4360	20.59	4013	20.70
总计	21 179	100.00	19 385	100.00

附表1-13 不同隶属关系的院校研究生样本分布情况

学校隶属	2021年		2022年	
	有效样本量（人）	有效百分比（%）	有效样本量（人）	有效百分比（%）
中央	3941	18.61	3357	17.32
中央教育部门	3397	16.04	2889	14.90
中央其他部门	544	2.57	468	2.41
地方	17 238	81.39	16 028	82.68
地方教育部门	17 060	80.55	15 777	81.39
地方其他部门	178	0.84	251	1.29
总计	21 179	100.00	19 385	100.00

附表1-14 "双一流"建设高校的研究生样本分布情况

学校分类	2021年		2022年	
	有效样本量（人）	有效百分比（%）	有效样本量（人）	有效百分比（%）
"双一流"建设高校	7256	34.26	5986	30.88
其他高校	13 923	65.74	13 399	69.12
总计	21 179	100.00	19 385	100.00

附录2 指标解释

● R&D

指为增加知识存量（也包括有关人类、文化和社会的知识）及设计已有知识的新应用而进行的创造性、系统性工作，包括基础研究、应用研究和试验发展3种类型。R&D活动应当满足5个条件：新颖性、创造性、不确定性、系统性、可转移性（可复制性）。

● R&D人员

R&D人员是指报告期R&D活动单位中从事基础研究、应用研究和试验发展活动的人员。包括：①直接参加上述三类R&D活动的人员；②与上述三类R&D活动相关的管理人员和直接服务人员，即直接为R&D活动提供资料文献、材料供应、设备维护等服务的人员。不包括为R&D活动提供间接服务的人员，如餐饮服务、安保人员等。

● R&D人员全时当量

指R&D全时人员（报告期从事R&D活动的实际工作时间占制度工作时间90%及以上的人员）工作量与非全时人员[报告期从事R&D活动的实际工作时间占制度工作时间10%（含）～90%（不含）的人员]按实际工作时间折算的工作量之和，是国际上通用的、用于比较科技人力投入的指标。例如：有2个R&D全时人员（工作时间分别为0.9年和1年）和3个R&D非全时人员（工作时间分别为0.2年、0.3年和0.7年），则R&D人员全时当量＝1+1+0.2+0.3+0.7=3.2（人年）。

● 基础研究

一种不预设任何特定应用或使用目的的实验性或理论性工作，其主要目的是获得（已发生）现象和可观察事实的基本原理、规律和新知识。基础研究的成果通常表现为提出一般原理、理论或规律，并以论文、著作、研究报告等形式为主。

● 应用研究

为获取新知识，达到某一特定的实际目的或目标而开展的初始性研究。应用研究是为了确定基础研究成果的可能用途，或确定实现特定和预定目标的新方法。其研究成果以论文、著作、研究报告、原理性模型或发明专利等形式为主。

● 试验发展

指利用从基础研究、应用研究和实际经验中获取的知识和研究过程中产生的其他知识，开发新的产品、工艺或改进现有产品、工艺而进行的系统性研究。其研究成果以专利、专有技术，以及具有新颖性的产品原型、原始样机及装置等形式为主。

● 研究人员

研究人员是指从事新知识、新产品、新工艺、新方法、新系统的构想或创造的专业人员及R&D项目（课题）主要负责人员和R&D机构的高级管理人员。研究人员一般应具备中级及以上职称或博士学历。

● R&D经费内部支出

指报告期调查单位内部为实施R&D活动而实际发生的全部经费，包括用于R&D项目（课题）活动的直接支出，以及间接用于R&D活动的管理费、服务费、与R&D有关的基本建设支出和外协加工费等；不包括生产性活动支出、归还贷款支出及与外单位合作或委托外单位进行R&D活动而转拨给对方的经费支出。

● 政府资金

指R&D经费内部支出中来自各级政府财政的各类资金，包括财政科学技术支出和财政其他功能支出的资金，用于R&D活动的实际支出。

● 企业资金

指R&D经费内部支出中来自企业的各类资金。对企业而言，企业资金指企业自有资金、接受其他企业委托开展R&D活动而获得的资金，以及从金融机构贷款获得的开展R&D活动的资金；对科研院所、高校等事业单位而言，企业资金是指因接受从企业委托开展R&D活动而获得的各类资金。

● R&D项目（课题）

指调查单位在当年立项并开展研究工作、以前年份立项仍继续进行研究的研发项目或课题，包括当年完成和年内研究工作已告失败的研发项目或课题。

● 专利

指发明创造经审查合格后，由国务院专利行政部门依据《专利法》授予申请人对该项发明创造享有的专有权，是专利权的简称。发明创造是指发明、实用新型和外观设计。

● 发明专利

指对产品、方法或其改进所提出的新的技术方案。

● 有效发明专利数

指调查单位作为专利权人在报告年度拥有的、经国内外知识产权行政部门授权且在有效期内的发明专利件数。

● 专利所有权转让及许可数

指报告年度调查单位向外单位转让专利所有权或允许专利技术由被许可单位使用的件数。

● 专利所有权转让与许可收入

指报告年度调查单位向外单位转让专利所有权或允许专利技术由被许可单位使用而得到的收入，包括当年从被转让方或被许可方得到的一次性付款和分期付款收入，以及利润分成、股息收入等。

● 高校作为卖方的成交合同数
指在全国技术市场成交合同中高校作为卖方签订的技术合同数量。

● 高校作为卖方的成交合同金额
指在全国技术市场成交合同中高校作为卖方签订的技术合同金额数。

● 学校与企业联合建立研究机构
指学校和企业联合建立实验室、研究中心等研究机构。

● 外聘教师
指在学校备案的学校聘请的外部教师，不包括院聘、系聘教师。

● 学校与企业共同承担科研项目
指学校与企业共同申请的纵向项目。纵向科技项目是指上级科技主管部门或机构批准立项的各类计划(规划)、基金项目。

● 与企业合作开展科研项目
指学校与企业共同申请的纵向项目和企业委托学校开展的横向项目。横向科技项目指企事业单位、兄弟单位委托的各类科技开发、科技服务、科学研究等方面的项目，以及政府部门非常规申报渠道下达的项目。

● 知识产权投资
指知识产权人依法将专利权、商标权或著作权等知识产权资产评估作价，作为对企业的非货币、非实物出资，以获得所对应的企业股权的行为。知识产权投资属于非货币、非实物出资，因此必须比照实物投资，依法将知识产权资产评估作价后出资。知识产权投资一般有转让投资、合作投资、许可投资、合资投资等方式。

附录3　数据来源

1.教育部发展规划司，《中国教育统计年鉴》（2012—2021年）。

2.国家统计局、中华人民共和国科学技术部，《中国科技统计年鉴》（2013—2022年）。

3.中华人民共和国教育部科学技术与信息化司，《高等学校科技统计资料汇编》（2013—2022年）。

4.国家统计局，《中国统计年鉴》（2013—2022年）。

5.OECD，Main Science and Technology Indicators。

6.SciVal科研评价和分析平台，其底层数据为Scopus数据库。

7.2021年度普通高校创新调查，包括2021年度普通高校创新信息采集报表、2021年度普通本科高校教师创新情况调查及2021年度普通本科高校学生创新情况调查。

8.2022年度普通高校创新调查，包括2022年度普通高校创新信息采集报表、2022年度普通本科高校教师创新情况调查及2022年度普通本科高校学生创新情况调查。